KERNFRAGEN

POLITIK

DK Penguin Random House

DK London

Lektorat
Selina Wood, Camilla Hallinan, Hannah Dolan,
Ann Baggaley, Georgina Palffy, Francesca Baines,
Andrew Macintyre, Liz Wheeler, Jonathan Metcalf

Gestaltung und Bildredaktion
Kit Lane, Guy Harvey, Sarah Hopper, Philip Letsu, Karen Self

Herstellung
Robert Dunn, Jude Crozier, Rakesh Kumar

Illustrationen
Kit Lane, Guy Harvey

Für die deutsche Ausgabe:
Programmleitung Monika Schlitzer
Redaktionsleitung Dr. Kerstin Schlieker
Herstellungsleitung Dorothee Whittaker
Herstellungskoordination Claudia Rode
Herstellung Stefanie Staat

Titel der englischen Originalausgabe:
Politics is…

Übersetzung Karin Weidlich
Textanpassung Patrick Oelze
Lektorat David Bruder

ISBN 978-3-8310-4116-9

Druck und Bindung Livonia, Lettland

FSC www.fsc.org MIX Papier aus verantwortungsvollen Quellen FSC® C002795

www.dk-verlag.de

KERNFRAGEN

POLITIK

Inhalt

REGIERUNGSFORMEN

POLITISCHE IDEOLOGIEN

STAAT UND GESELLSCHAFT

MACHT DES VOLKES

INTERNATIONALE BEZIEHUNGEN

POLITIK ist …

Politik ist weit mehr als Regierungsarbeit oder Staatsführung – es geht auch darum, was wir als Individuen glauben und welche Gesellschaftsform wir wollen.

Die meisten von uns erfahren etwas über Politik zunächst im Familen- und Freundeskreis. Später vielleicht lesen oder hören wir vom Zeitgeschehen im Internet oder in den klassischen Medien. Unterricht in Sozial- oder Gemeinschaftskunde kann uns helfen, besser zu verstehen, was hinter den Nachrichten steckt, und uns so aufs Erwachsenenleben vorbereiten.

Allerdings geht Politik über Fakten- und Ereigniswissen weit hinaus. Unsere Überzeugungen und Werte spielen eine Rolle, und wie sie durch politische Parteien und Interessengruppen vertreten werden. Wer in der Welt etwas verändern will – sei es über lokales Engagement, z. B. für ein besseres Radwegenetz oder im globalen Kampf gegen Ungleichheit –, zeigt Interesse an Politik.

Wie wir uns entscheiden und für welche Partei wir stimmen, hängt von unserem sozialen und kulturellen Hintergrund ab. Nun aber spalten einige der wichtigsten aktuellen Themen Jung und Alt. Man denke an Greta Thunberg, eine schwedische Schülerin, die den Mächtigsten der Welt den Kampf ansagt, weil die Klimaproblematik Leben und Zukunft der Jüngeren beherrschen wird. Die Jugend hat eher weniger Vergangenheitssehnsucht, sondern schaut auch optimistischer nach vorne. Deshalb wollen Politiker in einigen Ländern das Wahlalter senken – warum sollten nicht auch 16-Jährige eine Stimme haben, die zählt?

Dieses Buch wird Dir helfen, Deine Ansichten mit politischen Überzeugungen, Ideen und Traditionen abzugleichen. Auch werden große politische Figuren und Denker vorgestellt. Um Deine Werte zu verteidigen oder die Welt zu verändern, musst Du politische Systeme und die zugrundeliegende Komplexität von Nachrichten und sozialen Medien verstehen.

Ich hoffe, dieses Buch wird Dich nicht nur inspirieren, sondern auch gedanklich herausfordern. Vor allem möge es Dir helfen, Politik ernst zu nehmen und Deine Stimme gut zu nutzen.

Professor Paul Kelly
London School of Economics
and Political Science (LSE)

Was ist POLITIK?

Politik beschränkt sich nicht auf Parlamentsdebatten oder Diskussionen rund um die Nachrichten. Es geht auch darum, wie Alltagsentscheidungen getroffen werden.

Politik beinhaltet die Frage, wie wir unsere Gesellschaften organisieren, welche Regeln gelten sollen und wer Autorität haben sollte. Einfach gesagt geht es darum, wie zwei oder mehr Menschen zusammenarbeiten, Meinungsverschiedenheiten beilegen und Entscheidungen treffen. Vielleicht braucht man eine größere Zahl von Personen, wie etwa eine Regierung auf nationaler Ebene, oder es reicht eine kleinere, wie beim Basketball-Team vor Ort. Alltägliche Aktivitäten sind nie unpolitisch – wie z. B. eine gelingende Picknick-Planung. Dabei muss man sich über Ziele einigen und so viele wie möglich in die Entscheidungen miteinbeziehen. Auch ist es hilfreich, einen oder mehrere zu bestimmen, die Regeln festsetzen und Streit schlichten, sonst gibt es nur Chaos!

Wozu POLITIK?

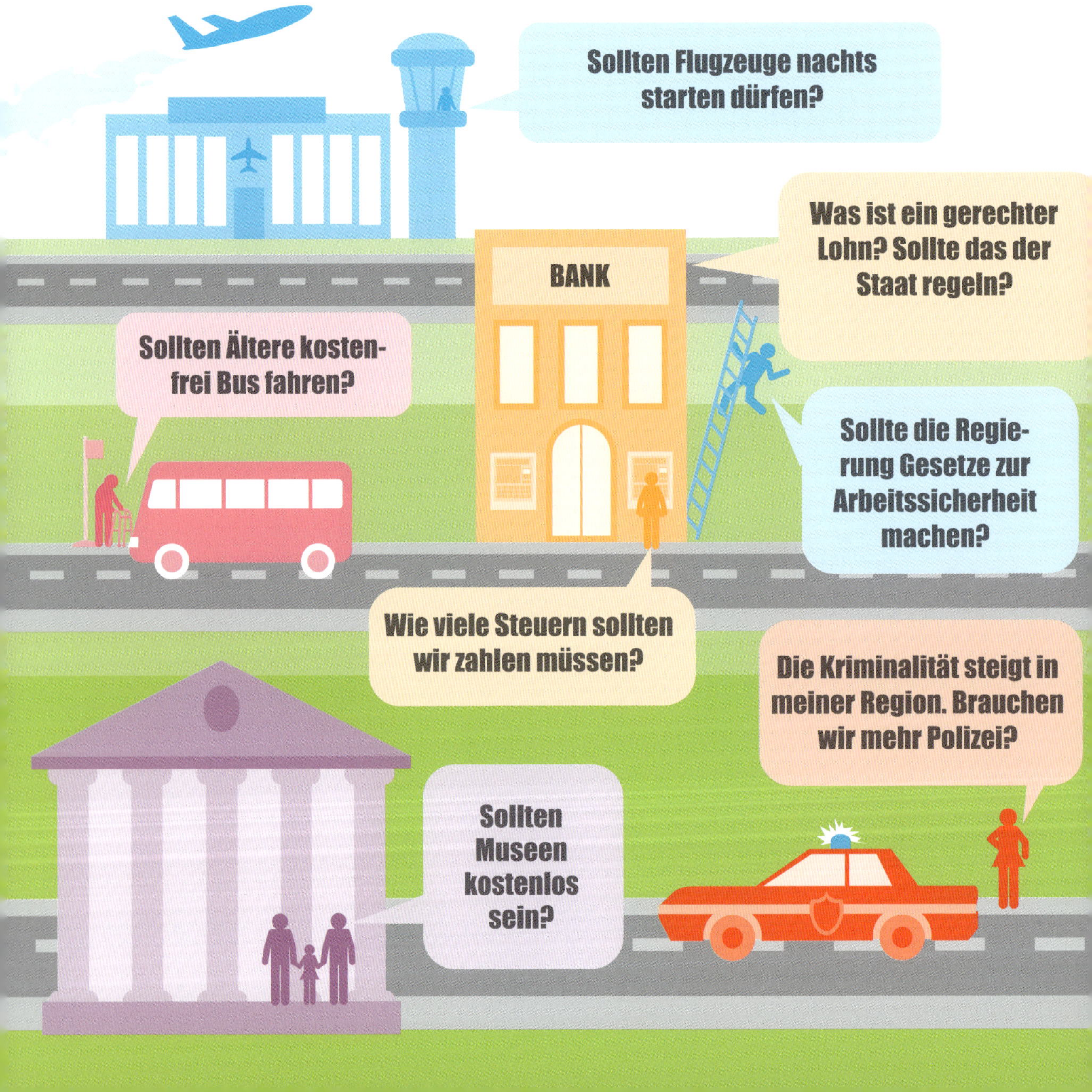

Gesellschaften brauchen ein politisches System, um sich wirksam zu organisieren. Für alles sind Entscheidungen nötig – von der Altenpflege bis zur Senkung der Kriminalität.

Wir übertragen die Entscheidungsgewalt den Regierungen. Wie die Ressourcen einer Gesellschaft zu verteilen sind – seien es Gelder für die Polizei oder für Bildung – ist Sache der Politik. Wenn wir bessere Schulen und mehr Bibliotheken wollen, müssen wir dafür womöglich mehr Steuern zahlen, andernfalls müssen wir auf Dienstleistungen verzichten. Einige bevorzugen einen Staat, der nicht zu viel reglementiert – andere wiederum begrüßen großes staatliches Engagement in der Gestaltung der Gesellschaft. Unsere Prioritäten auszuarbeiten und zu versuchen, den Bedürfnissen von so vielen Menschen wie möglich gerecht zu werden, ist eine der wichtigsten Aufgaben des Staates.

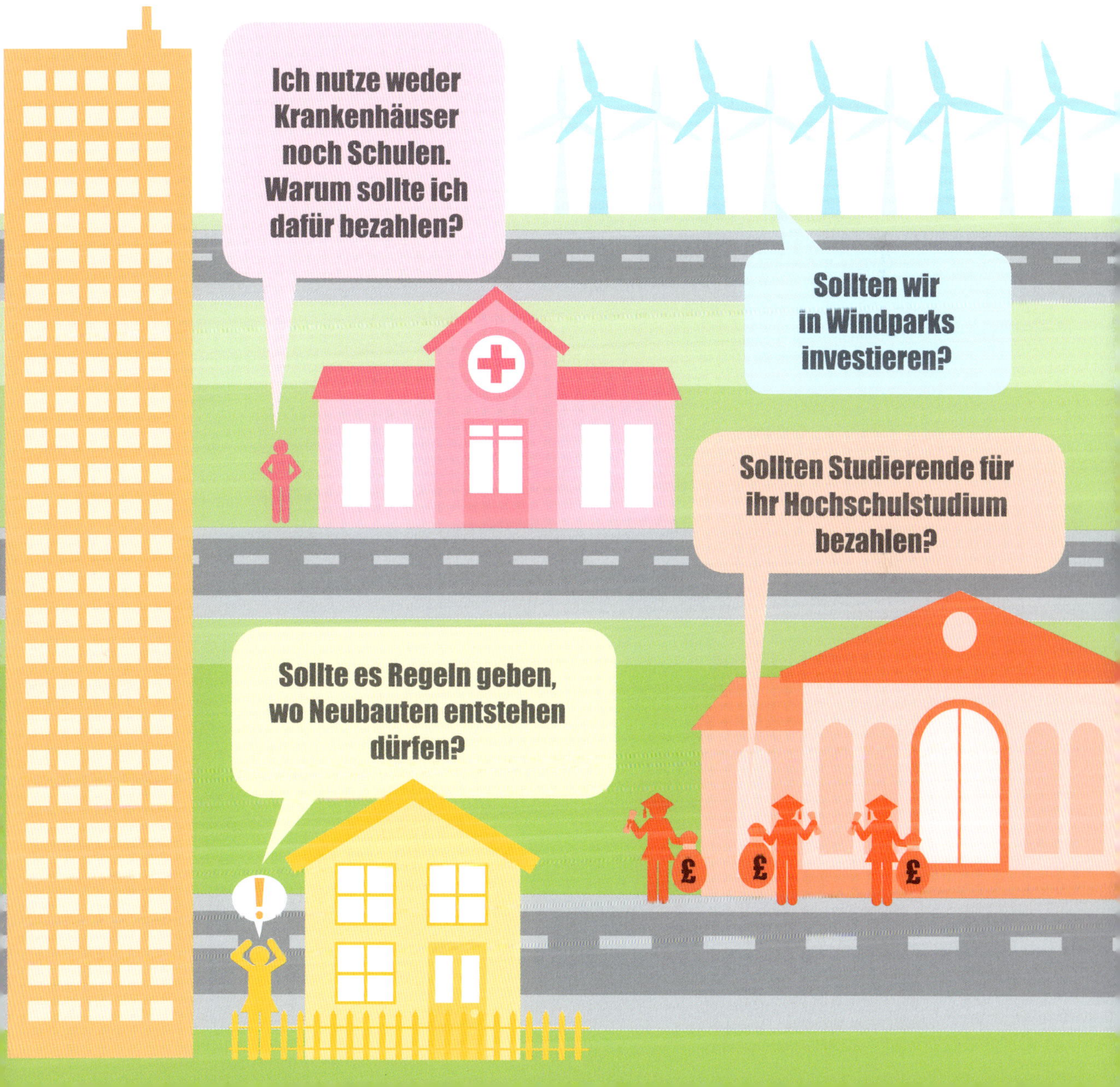

Regierungs-formen

MONARCHIE ist …

Die Französische Revolution

THEOKRATIE ist …

Die Iranische Revolution

DIKTATUR ist …

TOTALITARISMUS ist …

Machtdemonstration

OLIGARCHIE ist …

DEMOKRATIE ist …

Nelson Mandela

ANARCHISMUS ist …

Wer BESTIMMT?

Sollte es immer eine Volksabstimmung geben?

Ist es besser, wenn nur einer alle Regeln festlegt?

Sind einige Regierungssysteme besser als andere?

Inwieweit sollte staatliche Kontrolle auf Kosten von individuellen Freiheiten gehen?

Können gewählte Vertreter wirklich unsere Ansichten widerspiegeln?

Alle Staaten der Welt haben Regierungen, die über Gesetze, Steuern, Sicherheit und Sozialleistungen entscheiden. Es gibt aber viele Regierungsformen und verschiedene Ansichten darüber, welche die beste ist.

Im Laufe der Geschichte wurde immer wieder diskutiert, ob eine Person oder eine Gruppe die Verantwortung übernehmen soll – ob es Stammesführer oder Parlamente sein sollen oder ob sich das Volk selbst regieren kann. Heute kennen wir hauptsächlich drei Regierungsformen: Alleinherrscher, die alle Entscheidungen treffen; Regierungen, wo kleine Gruppen verantwortlich sind; und Demokratien, in denen die Staatsbürger die Möglichkeit haben, eine Regierung zu wählen.

Es hängt sehr von der Regierungsform ab, wie frei Menschen in einem Land leben können. Vieles, worüber Regierungen entscheiden, z. B. Bildung und Verkehr, lässt sich dagegen vergleichen.

„Der Monarch und seine Untertanen stehen im gleichen Verhältnis zueinander wie Kopf und Körper."

FRIEDRICH DER GROSSE (1712–1786)
König von Preußen

MONARCHIE ist ...

eine Regierungsform, bei der in der Regel eine Person durch Erbfolge auf den Thron gelangt und meist lebenslang an der Macht bleibt.

SIEHE AUCH:

→ **Die Französische Revolution** S. 18–19

→ **Theokratie** S. 20–21

→ **Oligarchie** S. 30–31

Die Monarchie ist die älteste aller Regierungsformen. Wir kennen 5000 Jahre alte Aufzeichnungen von Monarchen aus Mesopotamien und Ägypten. Seither gab es irgendwo auf der Welt immer welche, wenn auch unter verschiedenen Bezeichnungen, wie etwa Pharao, König, Zar, Kaiser, Sultan oder Schah.

ERBLICHE HERRSCHAFT

Monarchen sind normalerweise Alleinherrscher in ihrem Land, obschon es gelegentlich auch Mitregenten gab. Im Allgemeinen regieren sie bis zu ihrem Tod, aber es gibt Ausnahmen: In Malaysia wird alle fünf Jahre ein neuer König gewählt. Meist sind es Erbmonarchien: Auf den Thron folgt ein Familienmitglied, üblicherweise der älteste Sohn – in einigen Ländern hingegen kann auch eine Frau aus eigenem Recht Königin werden, nicht nur wenn sie einen König heiratet. In Großbritannien z. B. gab es 2011 eine Gesetzesänderung, wonach auch die älteste Tochter Thronfolgerin sein kann.

GRENZEN DER MACHT

In reinen Monarchien treffen Monarchen alle wichtigen Entscheidungen, die befolgt werden müssen. In der Praxis verfügten sie über eine höchst unterschiedliche Machtfülle und konnten nicht immer frei schalten und walten. Römische Kaiser wie Augustus (reg. 27 v. Chr.–14 n. Chr.) mussten sich vor wichtigen Entscheidungen mit dem Senat beraten.

Später verloren sie immer mehr Befugnisse. In England wurde Johann Ohneland (1199–1216) 1215 von seinen Baronen gezwungen, die Magna Carta zu unterzeichnen – eine Urkunde, die seine Macht beschränkte, etwa durch das Verbot, seine Untertanen willkürlich zu verhaften. Einige Monarchen widersetzten sich dem,

und so entwickelte sich im 17. Jahrhundert eine neue Vorstellung von Königsherrschaft, der Absolutismus. Demnach verdankten Könige ihre Macht allein Gott, weshalb man von „Gottesgnadentum" spricht. Sie waren keiner gesetzlichen Kontrolle unterworfen. Einige absolute Monarchen wie Ludwig XIV. von Frankreich (1643–1715) nutzten diese Macht, um effizienter zu regieren, Karl I. von England (1625–1649) jedoch wurde so unbeliebt, dass man ihn stürzte, enthauptete und die Republik einführte. Nun regierte das Parlament, in dem eine Gruppe die Gesetze machte, und nicht ein Erbmonarch.

MONARCHIE HEUTE

Die britische Monarchie wurde 1660 wiederhergestellt, jedoch verlor der Republikanismus – die Idee, dass Monarchen durch gewählte Herrscher (oder Präsidenten) ersetzt werden sollten, nicht an Kraft. Dies führte 1776 in Amerika und 1789 in Frankreich und seither in vielen anderen Ländern zu Revolutionen. Allerdings haben heute immer noch ein Fünftel aller Länder Monarchen, wenn auch konstitutionelle, d. h. sie müssen im Rahmen einer Verfassung regieren und die Wünsche eines gewählten Parlaments respektieren. Ihre Befugnisse sind sehr begrenzt – z. B. hat die britische Queen eine Mitsprache bei der Ernennung des Premierministers, in Wirklichkeit aber wählt sie den Führer der stärksten Partei im Parlament. Jedoch gibt es noch einige absolute Monarchien wie Eswatini (Swasiland) und Saudi-Arabien, wo der König uneingeschränkte Macht hat.

In der Vergangenheit behaupteten Denker wie der altgriechische Philosoph Aristoteles (384–322 v. Chr.), dass die Monarchie eine gute Regierungsform ist, in der einer im Interesse vieler regiert. Eine schlechte Herrschaft nannte er dagegen „Tyrannei". Obwohl Bürger ihre Monarchen nicht wählen können, halten einige das immer noch für ein gutes System. Als zeremonielles Staatsoberhaupt, das sich nicht in die Politik einmischt, könne der Monarch die Einheit der Nation verkörpern und sei damit besser als ein gewählter Präsident.

DIE FRANZÖSISCHE REVOLUTION

1789–1799

Ende des 18. Jahrhunderts kam es in Frankreich, als die jahrhundertealte Monarchie beinah über Nacht zusammenbrach, zu einem Gewaltausbruch und Revolutionäre gelangten an die Macht.

Im vorrevolutionären Frankreich lebten König und Adel in Luxus und zahlten keine direkten Steuern, während das gemeine Volk unter der Steuerlast ächzte und hungerte. Auslöser der Krise war 1789 der Versuch König Ludwigs XVI., die Steuern abermals zu erhöhen, um den Schuldenberg des Landes abzutragen. Mit der Forderung nach gerechterer Behandlung bildete das unterdrückte Volk eine Nationalversammlung als Vertretung der ärmeren Schichten.

Am 14. Juli 1789 entfachten Gerüchte, der König wolle die Nationalversammlung auflösen, Unruhen in Paris. Der Mob drang in die Bastille ein, das verhasste Symbol königlicher Macht. Im anschließenden Chaos übernahm die Nationalversammlung die Regierungskontrolle und schuf eine neue Verfassung.

Ludwig und seine Gemahlin Marie Antoinette flohen, wurden aber gefangen genommen. 1792 wurde Frankreich zur Republik erklärt, und 1793 kam das Königspaar unter die Guillotine. Viele andere teilten ihr Schicksal. In der sogenannten Terrorherrschaft unter dem Radikalen Maximilien Robespierre wurden Tausende als Revolutionsfeinde hingerichtet. Doch auch er wurde gestürzt und 1794 enthauptet. Danach folgte eine gemäßigtere Regierung, bis 1799 Napoleon Bonaparte an die Macht kam.

Sturm auf die Bastille
Am 14. Juli 1789 griff der Pariser Mob das Staatsgefängnis Bastille an, befreite die Häftlinge und bemächtigte sich der Waffen. Dieses Ereignis führte zum Nationalfeiertag.

„Freiheit, Gleichheit, Brüderlichkeit oder Tod."

PAROLE DER FRANZÖSISCHEN REVOLUTION (1793)

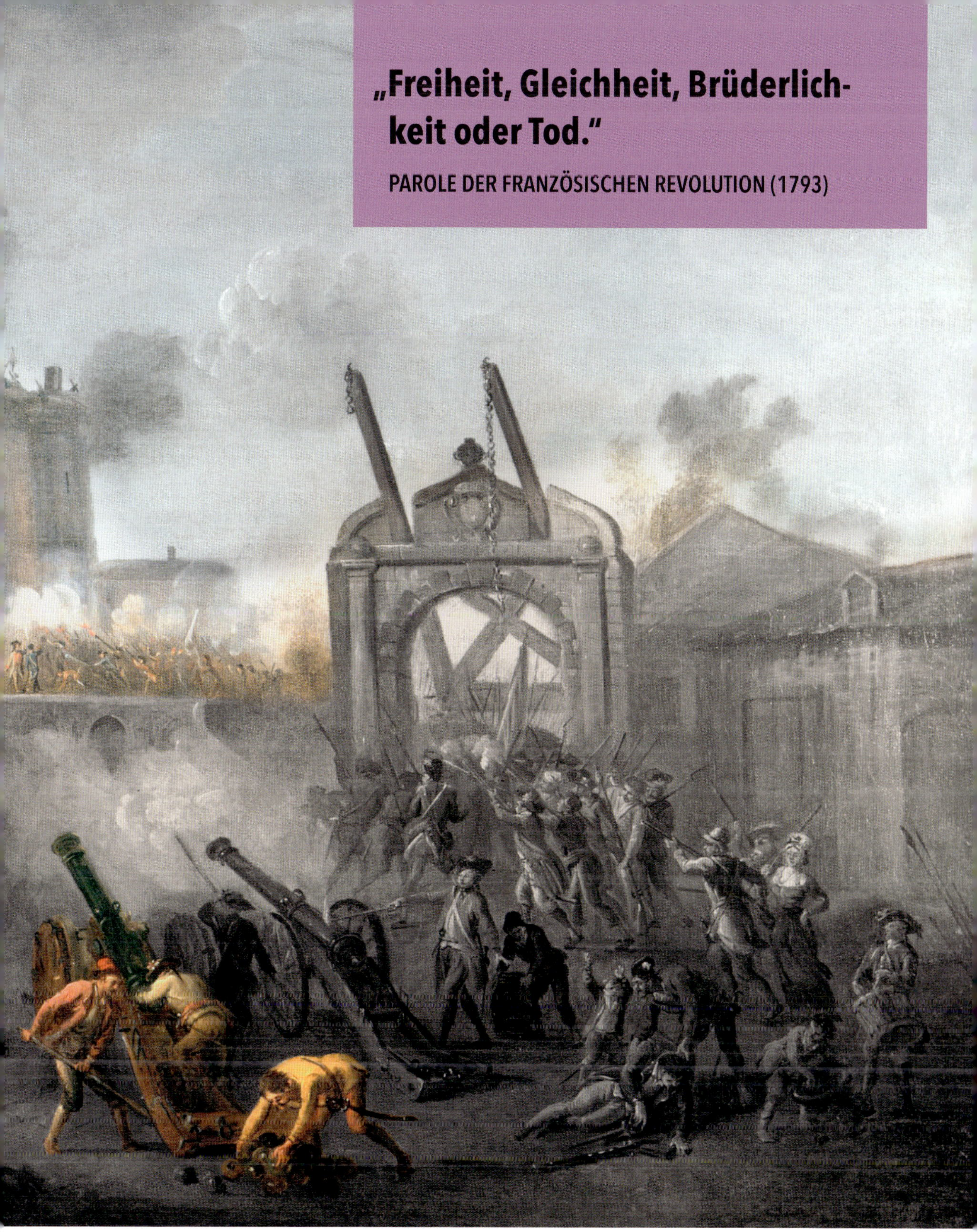

„Das Amt dieses Königtums ist […] nicht den Königen der Erde überantwortet worden, sondern den Priestern […]"

THOMAS VON AQUIN (1225–1274)
Italienischer Philosoph und Priester

THEOKRATIE ist …

ein politisches System, in dem Herrschaft durch Berufung auf Gott oder mehrere Götter legitimiert wird.

SIEHE AUCH:

← **Monarchie** S. 16–17

→ **Die Iranische Revolution** S. 22–23

In einer Theokratie gilt der Herrscher als von Gott eingesetzt, oder eine Elite regiert auf der Grundlage religiöser Gesetze oder Bräuche. Theokraten glauben, dass sie ihr Recht zu herrschen Gott (oder Göttern) verdanken. Demokratische Prozesse wie Wahlen können nichts daran ändern.

GÖTTLICHES RECHT

Auf verschiedene Weise wurde Herrschaft mit Gott gerechtfertigt. Im 17. und 18. Jahrhundert stützten sich europäische Könige auf das Gottesgnadentum, d. h. sie mussten ihr Handeln nicht vom Parlament absegnen lassen oder dem Gesetz gehorchen. In China regierten die Kaiser mit einem „Mandat des Himmels". Doch bei einem ungerechten Kaiser sagte man, ihm sei dieses Mandat entzogen worden, und das Volk durfte sich gegen ihn erheben.

Frühe Herrscher der muslimischen Welt galten als Nachfolger (oder „Kalifen") des Propheten Mohammed, obwohl der Streit um die Nachfolge Sunniten und Schiiten tief spaltete. Erstere meinten, der Kalif solle von der Gemeinschaft gewählt werden, letztere standen zu Ali, dem Schwiegersohn des Propheten, und seinen Nachkommen. Mit der Zeit entwickelte das Schiitentum eine religiöse Hierarchie, die auf der Basis religiöser Gesetze Urteile fällen konnte.

THEOKRATISCHE HERRSCHAFT

Theokratien unterscheiden sich teils erheblich, meist aber regieren die Herrscher nach Gesetzen, die in heiligen Schriften wie der Thora, der Bibel oder dem Koran stehen. Die vom iranischen Parlament verabschiedeten Gesetze müssen dem Koran entsprechen, worüber der Oberste Führer (das geistliche Staatsoberhaupt) entscheidet. Anderswo wird der Herrscher von Geistlichen gelenkt, selbst wenn das Land keine Theokratie ist. In Myanmar beeinflussten buddhistische Mönche die Reaktion der Regierung auf die Angriffe gegen die muslimische Rohingya-Minderheit.

SÄKULARISMUS

In der Zeit der Aufklärung (eine geistige Strömung im Europa des 18. Jahrhunderts) wurde der Ruf nach einer Säkularisierung laut. Die Religion sollte von der politischen Bühne verschwinden. Diese Idee fand Eingang in die US-Verfassung, die es verbietet, eine „etablierte" Religion zu favorisieren. Die laizistische Verfassung Frankreichs duldet keine religiösen Symbole in Schulen. Eine Trennung von Kirche und Staat gilt in modernen Demokratien als elementar. Der Säkularismus hat sich jedoch auch schon gegen nicht-christliche Religionen gerichtet. 2011 verbot Frankreich mit Verweis auf die Laizität die Vollverschleierung im öffentlichen Raum (die einige Interpretationen des Islams Frauen vorschreiben).

ZURÜCK ZUR RELIGION

Die meisten Religionen kennen Theokratien, von den jüdischen Königen des alten Israels bis zu den christlichen Päpsten des Mittelalters. Viele Theokratien sind nun Geschichte, einige aber gibt es noch. Der Vatikan ist eine moderne christliche Theokratie mit dem Papst als Staatsoberhaupt. Die einzige echte islamische Theokratie ist der schiitische Iran, wo der Oberste Führer und die Geistlichkeit als Religionswächter herrschen. Im sunnitischen Saudi-Arabien privilegiert der Staat zwar den Islam und die Scharia (das islamische Recht), es regiert aber ein König.
In einigen Ländern wird wieder eine wichtigere Rolle der Religion gefordert. In Russland ist die orthodoxe Kirche (offiziell Staatsreligion) erneut ein politischer Faktor. In den USA finden religiöse Positionen Gehör, etwa beim Thema Abtreibung. Und in Israel oder Indien haben religiöse Parteien an Einfluss gewonnen.

DIE IRANISCHE REVOLUTION

1978–1979

Aus dem Aufstand gegen die autokratische und prowestliche Monarchie von 1978 bis 1979 entstand die Islamische Republik Iran. Unter der Herrschaft der Geistlichkeit wurde das Land zu einer strengen Theokratie.

Der Iran, moderner Nachfolgestaat des Persischen Reiches, hat eine lange Geschichte des Königtums. Ende der 1970er-Jahre galt die Monarchie von Schah Mohammad Reza Pahlavi – für viele eine Marionette der USA – als repressiv und korrupt. Bei weiten Teilen der Linken, liberalen Nationalisten und Islamisten, darunter auch Studenten und viele Frauen, wuchs die Opposition gegen das Regime, bis öffentliche Proteste und Streiks den Schah im Januar 1979 zur Flucht in die USA zwangen.

Ayatollah Khomeini, ein geistlicher Führer der Schiiten, kehrte aus dem Exil zurück und nahm das Heft in die Hand. Die Monarchie wurde abgeschafft und per Referendum durch eine Islamische Republik ersetzt. Khomeini schuf eine neue, islamkonforme Verfassung und ernannte sich selbst zum Obersten Führer auf Lebenszeit. Er starb 1989, der Iran aber wird seither von Geistlichen und gewählten Poltikern regiert, wobei die nichtgewählten religiösen Führer das Sagen haben. „Unislamisches" Verhalten wird bestraft.

Der antiwestliche Khomeini sah die Revolution als Chance, die religiös-kulturelle Unabhängigkeit des Iran nach Generationen der Verwestlichung wiederherzustellen. Bis heute bestehen internationale Spannungen – vor allem mit den USA und Israel.

Vereinigung der Dissidenten
Februar 1979: Ayatollah Khomeini grüßt nach der Rückkehr aus 14 Jahren Exil jubelnde Menschenmassen an der Universität Teheran. Einigen schien er von Gott gesandt.

„Weder Ost noch West – sondern Islamische Republik!"

MOTTO DER ISLAMISCHEN REVOLUTION

Lächelnd scheidet der Despot; / denn er weiß, nach seinem Tod / wechselt Willkür nur die Hände, / und die Knechtschaft hat kein Ende.

HEINRICH HEINE (1797–1856)

DIKTATUR ist ...

ein politisches System, in dem eine einzelne Person die Regierungsgewalt innehat und nicht die Zustimmung des Volkes braucht.

SIEHE AUCH:

→ **Totalitarismus** S. 26–27

→ **Kommunismus** S. 46–47

→ **Faschismus** S. 60–61

→ **Ein Putsch** S. 94–95

→ **Revolution** S. 120–121

Ein autoritärer Regierungsstil, eine Diktatur, entsteht, wenn die politische Macht in einem Land von nur einer Person ausgeht: dem Führer oder Diktator. In einer Diktatur wird politische Opposition in keinster Weise geduldet, und das Volk hat nicht die Macht, den Diktator zu ersetzen.

MACHTERGREIFUNG

Der Diktator war ursprünglich ein Amtsträger der antiken Römischen Republik (509–27 v. Chr.). Im Fall eines Notstands ernannt, sollte er zurücktreten, sobald dieser beendet war. Die meisten Diktatoren der neueren Geschichte sind auch in einer Krisenzeit an die Macht gekommen – nach dem Zusammenbruch eines politischen Systems oder einer Revolution. Viele stehen an der Spitze einer Militärdiktatur, d. h. sie kamen ursprünglich aus den Reihen der Streitkräfte und regierten mit ihrer Hilfe weiter. So etwa begann Oberst Muammar al-Gaddafis Diktatur in Libyen 1969, als die Monarchie an den gesellschaftlichen und wirtschaftlichen Problemen des Landes gescheitert war.

MACHTERHALT

Wie ihre antiken Namensgeber können moderne Diktatoren sagen, dass sie für eine begrenzte Zeit herrschen. Einige treten nach der Anfangsphase der Krise auch tatsächlich zurück und führen das Land wieder in die Demokratie. In Spanien regierte Francisco Franco von 1939 bis zu seinem Tod im Jahr 1975. Sein Nachfolger, König Juan Carlos I., sollte als Diktator herrschen, jedoch baute er Francos Regime schrittweise ab.

Öfter aber bleiben Diktatoren an der Macht, bis sie sterben oder gewaltsam ersetzt werden. Einige, wie etwa Robert Mugabe in Simbabwe, werden durch öffentlichen Protest oder einen erneuten Militärputsch gestürzt. Die Mächtigsten schaffen quasi Dynastien, indem sie ihre Macht an ihre Kinder weitergeben. In Nordkorea regiert seit 1948 die Familie Kim in dritter Generation.

REPRESSIVE IDEOLOGIEN

Bestimmte politische Ideologien werden eng mit einer Diktatur assoziiert. Besonders anfällig dafür ist der rechtsextreme Faschismus, der die Autorität eines einzelnen Führers behauptet und den Nationalismus auf die Spitze treibt. Das andere Extrem ist ein kommunistisches Regime, das die politische Autorität für sich allein reklamiert, was dazu führen kann, dass ein Parteichef zum Diktator wird.

AN DER REGIERUNG

Obwohl in einer Diktatur die Macht nur bei einer Person liegt, kann sie wie eine Demokratie anmuten. Zwar kann es Parlamentswahlen geben, in einer Demokratie aber geht die Macht vom Willen des Volkes aus, und seine gewählten Vertreter setzen ihn um, während in einer Diktatur weder Bürger noch Parlament Macht haben. Der Diktator sagt dem Parlament, was zu tun ist, und Widerstand kann zur Verhaftung oder Hinrichtung der Abgeordneten führen. In den Wahlen gewinnen immer die Regierungspartei bzw. ihre Verbündeten.

Diktatoren, die wirtschaftlichen Erfolg und politische Stabilität garantieren oder den Sozialstaat fördern, z. B. das Bildungswesen, nennt man wohlwollende Diktatoren. Dennoch wird keine Opposition toleriert und der Diktator kann vom Volk nicht abgesetzt werden. Präsident Tito in Ex-Jugoslawien hatte einen moderateren Regierungsstil als andere kommunistische Staaten, doch war er stets darauf bedacht, jede Opposition zu verhindern.

DIKTATUREN HEUTE

Heute gelten ca. 50 Länder als Diktaturen oder autoritäre Regime mit mehreren Machthabern. Einige, wie z. B. Venezuela, sind von der Demokratie in die Diktatur zurückgefallen. Staatschefs anderer Länder wie etwa der türkische Präsident Recep Tayyip Erdoğan sind keine Diktatoren, weisen aber sehr autoritäre Tendenzen auf.

„Totalitarismus zielt auf sehr gefährliche emotionale Bedürfnisse von Menschen, die in völliger Isolation leben und Angst voreinander haben."

HANNAH ARENDT (1906–1975)
Deutsch-amerikanische politische Theoretikerin

TOTALITARISMUS ist ...

eine extrem autoritäre Regierungsform, die alle Aspekte des öffentlichen und privaten Lebens einer totalen Kontrolle unterwirft.

SIEHE AUCH:

← **Diktatur** S. 24–25

→ **Machtdemonstration** S. 28–29

→ **Kommunismus** S. 46–47

→ **Faschismus** S. 60–61

Die meisten von uns sind irgendwie Herr über ihr Leben: wie wir uns verhalten, was wir denken und tun. In einer totalitären Gesellschaft haben Menschen diese Freiheiten nicht. Alle Aspekte ihres Lebens stehen unter der Kontrolle des Staates.

TOTALE KONTROLLE

In einem autoritären Staat übt eine zentrale Autorität ihre Macht auf Kosten der individuellen Freiheit und Demokratie aus. Sie erwartet und verlangt von ihren Bürgern Gehorsam. Totalitarismus geht sehr viel weiter. Wie der Name sagt, hat in einem totalitären System der Staat totale bzw. absolute Kontrolle über alle Aspekte der Gesellschaft, wie das Recht, die Wirtschaft, Bildung, Kultur und sogar das Verhalten der Bürger. Diese haben weder das Recht auf freie Meinungsäußerung noch auf politische oder sonstige Mitsprache. Die Autorität des Staates ist absolut und wird durch körperliche Gewalt, Einschüchterung, Gedankenmanipulation und Massenüberwachung aufrechterhalten. Opposition ist nicht erlaubt. In Nordkorea z. B. steht jeder Aspekt des Lebens unter strenger Kontrolle des Obersten Führers Kim Jong-un.

MÄCHTIGE IDEOLOGIEN

Viele Gesellschaften in der Vergangenheit waren Diktaturen, der Begriff Totalitarismus aber ist ziemlich neu. Er ging aus dem Chaos des Ersten Weltkriegs (1914–1918) hervor. Erstmals kam das Wort in den 1920er-Jahren auf, um das faschistische Regime von Benito Mussolini in Italien zu beschreiben. Mussolini entmachtete mit Gewalt die politische Opposition und strebte den Aufbau eines totalitären Staates an. Ebenso galten Nazi-Deutschland unter Adolf Hitler sowie die Sowjetunion unter dem kommunistischen Staatschef Josef Stalin als totalitär, allerdings an den entgegengesetzten Rändern des politischen Spektrums. Der Begriff geht größtenteils auf Hannah Arendt zurück, die viel darüber geschrieben hat. Demnach beruhte die Fähigkeit, totale Kontrolle auszuüben, nicht nur auf Gewalt, sondern auch auf der Kraft von Ideologien – ihren Ausdruck fanden sie in der vermeintlichen Unvermeidbarkeit des Rassenkampfes in Nazi-Deutschland und des Klassenkampfes in der Sowjetunion – wodurch sich die totale Kontrolle legimitierte. Die Menschen akzeptierten die Ideologien als Lösung für die Probleme ihrer Gesellschaften.

POLITISCHE REPRESSION

An der Spitze eines totalitären Staates stehen ein Diktator, eine Herrscherelite oder ein Militärführer. Wahlen finden nicht statt oder werden manipuliert. Der Staat übt Macht auf verschiedene Weise aus, u. a. durch Terror. Die Geheimpolizei foltert oder bestraft auf andere Weise. Politischer Protest bzw. eine Kampfansage an den Staat wird im Keim erstickt. Nordkorea, wo die Kim-Dynastie bereits in der dritten Generation herrscht, ist heute der einzige wirklich autoritäre Staat der Welt. Die führende Partei der Arbeit Koreas (PdAK) stellt jeden Aspekt des Lebens unter staatliche Kontrolle.

GEDANKENKONTROLLE

Ein totalitärer Staat kann seine Bürger manipulieren und versuchen, deren Einstellungen und Gedanken zu kontrollieren. Rede- und Pressefreiheit gibt es nicht. Stattdessen kontrolliert das Regime alle Medien und verbreitet mit ihrer Hilfe allein staatliche Ziele und Überzeugungen. Mittels Propaganda werden die Ansichten der Menschen im Sinne der herrschenden Ideologie beeinflusst. Die Bevölkerung ist sich der ständigen Überwachung bewusst. So wird Gehorsam erzwungen, von Regimekritik abgehalten und das Denunziantentum gefördert. Im 1949 veröffentlichten Roman *1984* von George Orwell wird dies eindrücklich geschildert. Das Jahr 1984 ist bereits verstrichen, aber die Voraussetzungen für Totalitarismus bestehen weiter.

„Die Militärmacht eines Landes verkörpert seine nationale Stärke.“

KIM JONG-UN (geb. 1984)
Oberster Führer Nordkoreas

MACHT-DEMONSTRATION

Die Demokratische Volksrepublik Korea ist das autokratischste Regime der Welt. In einer Bewertung der Demokratie in 167 Ländern steht sie an letzter Stelle. Mit Waffenschauen demonstriert der totalitäre Staat seine Macht.

Das üblicherweise Nordkorea genannte Land ist eine kommunistische Gründung. Nach dem Zweiten Weltkrieg (1939–1945) kontrollierten die Sowjets den Norden der koreanischen Halbinsel, die USA den Süden. Die sowjetischen Truppen zogen 1948 ab und überließen Nordkorea der Arbeiterpartei und ihrem Führer Kim Il-sung.

Kim Il-sung etablierte um sich einen Personenkult als Großer Führer, den er durch Eliminierung von Parteifunktionären festigte. Ihm folgten sein Sohn Kim Jong-il und 2011 sein Enkel Kim Jong-un nach.

Heute ist Nordkorea der einzige wirklich totalitäre Staat. Die Bevölkerung lebt streng überwacht und abgeschottet vom Rest der Welt. Alle Medien dienen der auf Nationalismus und Sozialismus basierenden *Juche*-Ideologie („Selbstständigkeit"). Kritik daran kann zu Freiheitsentzug und Zwangsarbeit führen.

Seit dem Fall der Sowjetunion 1991 isoliert, hat das Regime viele seiner begrenzten Ressourcen in die Entwicklung von Nuklearwaffen gesteckt, um Stärke und Einheit zu demonstrieren. Die Vereinten Nationen verhängten deshalb Sanktionen. Sogar die Beziehungen zu China, Nordkoreas engstem Verbündeten, sind belastet. 2018 traf Donald Trump als erster US-Präsident einen nordkoreanischen Führer – doch in den darauffolgenden Monaten wurden die Gespräche abgebrochen.

Demonstrierter Drill
Bei einer perfekt choreografierten Parade 2015 in Pjöngjang marschieren Soldaten im Gleichschritt anlässlich des 70. Jahrestages der Gründung der Partei der Arbeit.

„Wem die Aristokratie missfällt, der nennt sie Oligarchie."

THOMAS HOBBES (1588–1679)
Englischer politischer Philosoph

OLIGARCHIE ist ...

die Regierung durch einige Privilegierte, die meist die Macht für ihre eigenen Interessen und nicht für die der Gesellschaft nutzen.

SIEHE AUCH:
Monarchie S. 16–17
Demokratie S. 32–33
Kommunismus S. 46–47

Die Herrschaft einer kleinen Gruppe, die die Verteilung von Reichtum und Macht in einer Gesellschaft kontrolliert, nennt man Oligarchie. Sie ähnelt der absoluten Monarchie, wobei die Macht nicht nur von einer Person ausgeübt wird.

Die Oligarchie war eine der häufigsten Regierungsformen in den griechischen Stadtstaaten der Antike. Nach dem Philosophen Aristoteles, der im 4. Jahrhundert v. Chr. erstmals Oligarchien beschrieb, dienten die Eliten dort nur ihrem Eigeninteresse. Handelten sie im Interesse der Gesellschaft insgesamt, sprach er hingegen von Aristokratien.

Die Unterscheidung jedoch war nicht immer eindeutig. Im mittelalterlichen Venedig entstand unter dem Dogen als höchstem Staatsbeamten eine Oligarchie der Kaufleute. Ihnen verdankte die Stadt ihren Reichtum, also wollten sie auch herrschen. In Großbritannien stammten bis ins 19. Jahrhundert die meisten Politiker aus einer Handvoll reicher, einflussreicher Familien. Sie hielten sich für eine dem Gemeinwohl dienende Aristokratie. All jene, denen selbst ein bescheidener Lebensstandard verwehrt blieb, dürften das anders gesehen haben.

GELD UND VERBINDUNGEN

Oft bestimmen Familienbande, wer zu einer Oligarchie gehört. Die Macht wird an die nächste Generation weitergegeben und Außenseiter haben kaum eine Chance, in den privilegierten Kreis zu gelangen. Genau das verstehen wir heute unter Adel. Einst weit verbreitet, insbesondere in Europa, wo die Oberschichten jahrhundertelang das Machtmonopol hielten, ist der Einfluss des Adels heute geringer. Jedoch können auch in einer vollwertigen Demokratie kleinere Familienclans dominieren und die politische Führung stellen. Reichtum genügt für eine Beteiligung an der Macht. Nach dem Fall der Sowjetunion 1991 tauchten in Russland „Oligarchen" auf, die aufgrund ihres Vermögens die Regierungspolitik diktieren konnten. Ein solches System ist auch als Plutokratie bekannt, und man findet sie dort, wo Superreiche übermäßigen Einfluss auf die Regierung haben.

Die Form der Oligarchie, die am ehesten der Gesellschaft nützt, ist die Meritokratie bzw. Herrschaft nach Verdienst. Konfuzianische Beamte z. B. regierten das kaiserliche China über tausend Jahre lang bis ins frühe 20. Jahrhundert. Jedoch konnte man nur durch ein Auswahlverfahren aufsteigen, d. h. allein die Gebildeten hatten eine Erfolgschance.

WER FÜHRT EINE OLIGARCHIE?

In modernen Oligarchien kann es einen nominellen Präsidenten oder Premierminister geben, jedoch wird sein Handeln durch das Eigeninteresse der Gruppe bestimmt. Manchmal ist auch das Staatsoberhaupt ein Oligarch. Oder politische Führer müssen, wie in Russland, die Interessen von Gruppen berücksichtigen, die um die Macht konkurrieren, u. a. Militär und Geheimdienste. In einigen Oligarchien nutzen die Mitglieder politische Floskeln wie sozialistisch, liberal oder konservativ, was aber nur dem eigenen Vorteil dient. Als nach 1989 in Osteuropa kommunistische Regime stürzten, spielten die kommunistischen Oligarchen ihre Rolle einfach in einer neuen politischen Partei weiter.

WESSEN INTERESSEN?

Laut Definition regiert eine Oligarchie im eigenen Interesse. Allerdings brauchen Oligarchien, wenn sie an der Macht bleiben wollen, stabile Gesellschaften und wirtschaftlichen Erfolg. So machen sie eventuell denen Zugeständisse, die nicht zur Elite gehören, oder bieten die Aufnahme in ihren Kreis an, um die Gefahr einer Opposition zu verringern. Sie können auch das Wirtschaftswachstum fördern. Außenseiter jedoch, die versuchen, der Oligarchie Macht zu entreißen, stoßen auf starken Widerstand.

„Regierung des Volkes durch das Volk für das Volk."

ABRAHAM LINCOLN (1809–1865)

16. Präsident der Vereinigten Staaten von Amerika

DEMOKRATIE ist …

die Regierung des Volkes, entweder direkt oder durch gewählte Vertreter, die im Auftrag des Volkes regieren.

SIEHE AUCH:

→ **Eine Verfassung** S. 72–73

→ **Eine Wahl** S. 84–85

→ **Stimmrecht** S. 88–89

Eine Demokratie ist ein Regierungssystem, in dem das Volk seine Führung bzw. die Regierung wählt. Der Begriff „Demokratie" setzt sich aus den beiden griechischen Wörtern *demos* (Volk) und *kratia* (Herrschaft) zusammen. Die erste Form der Demokratie wurde im 6. Jahrhundert v. Chr. in Athen entwickelt.

DEMOKRATIETYPEN

Die meisten Staaten sind heute Demokratien, jedoch sind nicht alle gleich. Frühformen wie in Athen waren direkte Demokratien. Das Volk nahm an Debatten (Volksversammlungen) teil und stimmte zu konkreten aktuellen Fragen ab.

Bei zunehmender Größe der Länder und wachsender Bevölkerung wurde es unmöglich, jeden einzelnen persönlich an einem Ort und über alles abstimmen zu lassen. Stattdessen entwickelte sich die heute übliche repräsentative Demokratie. Hier wählt das Volk Vertreter, die dann für eine bestimmte Zeit oder Wahlperiode in einer Versammlung oder einem Parlament entscheiden.

Direkte Demokratie gibt es noch bei Volksentscheiden, wenn Bürger auf Bitte der Regierung über konkrete Fragen abstimmen. Einige Länder machen das nur ein- oder zweimal in einer Generation bei Fragen von historischer Bedeutung, wie etwa Großbritannien 2016 zum Austritt aus der EU („Brexit"), andere, wie die Schweiz, mehrmals pro Jahr als fester Bestandteil der Regierungsarbeit, um Bürgern bei wichtigen Weichenstellungen das letzte Wort zu geben.

UNVOLLKOMMENE DEMOKRATIE

Eine demokratische Regierung hat nur Autorität, wenn das Volk irgendwie wählen darf – was genau aber heißt „das Volk“? Im alten Athen durften nur freie männliche Bürger über 20 abstimmen, deren Eltern beide Athener waren – ausgenommen waren Frauen, Sklaven und Zuwanderer, obwohl sie 80 bis 90 Prozent der Bevölkerung ausmachten. Die moderne Demokratie beruht auf dem „allgemeinen Wahlrecht“, wo jeder Bürger unabhängig von Geschlecht, Rasse, Reichtum oder Status ein Stimmrecht hat. Tatsächlich aber erfüllen einige Demokratien dieses Ideal nicht, indem sie das Wahlrecht und den Kreis der Wahlberechtigten einschränken oder die Stimmen unterschiedlich gewichten.

Selbst eine funktionierende Demokratie ist nicht perfekt. Bei jeder Wahl gibt es Gewinner und Verlierer. Jene, die für die Verliererseite gestimmt haben, können sich übergangen fühlen. Der griechische Philosoph Aristoteles (384–322 v. Chr.) fand, dass dort, wo die Armen gegenüber der reichen Bildungselite deutlich in der Überzahl sind, eine „Pöbelherrschaft“ droht. Für besser hielt er die Herrschaft eines einzelnen, weisen Monarchen. Einige fürchten auch, dass die Demokratie „Kurzsichtigkeit“ fördert – wenn alle vier oder fünf Jahre Wahlen stattfinden, können Politiker, um wiedergewählt zu werden, populäre Entscheidungen treffen, die auf lange Sicht schlecht sind. Jedoch herrscht allgemein Konsens, dass Teilhabe an der Macht und begrenzte Amtszeiten nicht nur fair sind, sondern auch das Risiko reduzieren, dass eine einzelne Person falsch entscheidet.

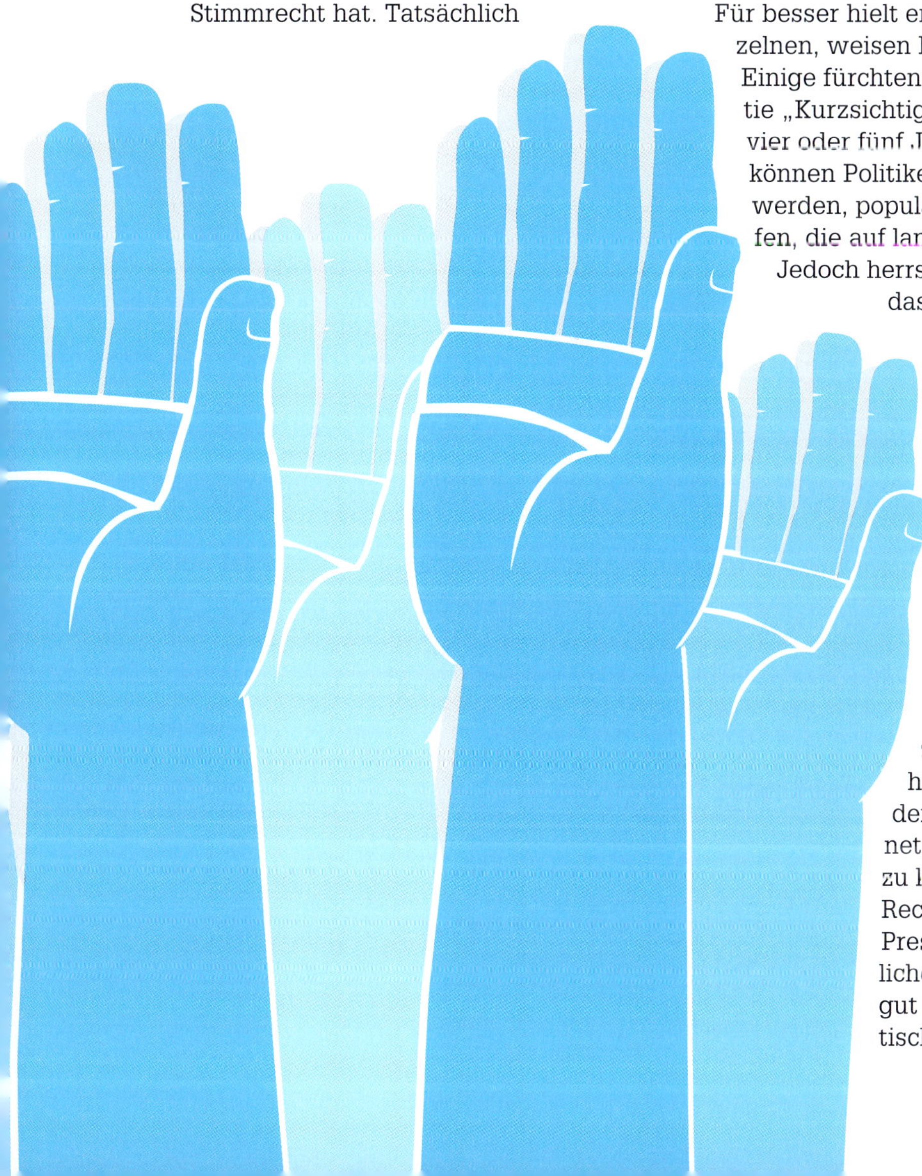

DEMOKRATISCHE FREIHEITEN

Eine moderne Demokratie kann nur funktionieren, wenn Menschen frei sind, eine fundierte Wahl zu treffen. Regierungen haben heute mehr Macht denn je, Nachrichten im Internet und den sozialen Medien zu kontrollieren. Ein sicherer Rechtsrahmen und eine freie Presse, die Debatten ermöglichen, sind elementar für eine gut funktionierende, demokratische Gesellschaft.

Nelson Mandela

1918–2013

Nelson Mandela kämpfte als Aktivist und Politiker für die Bürgerrechte in Südafrika. Er stellte das Apartheid-Regime in Frage, das die nichtweiße Bevölkerung diskriminierte, und setzte der Rassentrennung ein Ende. Mandela führte das Land in eine neue Ära der Demokratie, in der alle Bürger unabhängig von ihrer Hautfarbe wählen dürfen.

> **„Wahre Führer müssen bereit sein, alles für die Freiheit ihres Volkes zu geben."**

Früher Aktivismus

1918 in Südafrika geboren, durfte Mandela als erster in seiner Familie zur Schule gehen. Später studierte er und machte in Johannesburg ein Praktikum in einer Anwaltskanzlei. Dort begegnete er Aktivisten des African National Congress (ANC), einer politischen Gruppierung, die für die Rechte von Schwarzafrikanern kämpfte. 1944 wurde Mandela Anführer der ANC-Jugendliga.

Kampf gegen Apartheid

1952 führte Mandela gewaltlose Proteste an gegen die „Passgesetze", die nichtweiße Bürger zwangen, sich in in öffentlichen „nur für Weiße" bestimmten Räumen auszuweisen. Das war Teil des brutalen Apartheid-Systems, eingeführt 1948 von der regierenden National Party. Die Apartheid zwang Weiße und Nichtweiße, in getrennten Zonen zu leben und andere öffentliche Einrichtungen zu nutzen. Nichtweißen wurde auch das Stimmrecht verweigert. Friedliche Proteste waren Mandela nicht genug. Er half mit, *Umkhonto we Sizwe* („Speer der Nation") zu gründen, den militärischen Arm des ANC. 1964 wurde er als Terrorist vor Gericht gestellt und zu lebenslanger Haft verurteilt.

Demokratischer Führer

27 Jahre hinter Gittern, größtenteils auf Robben Island, machten Mandela zum weltweiten Symbol im Kampf für Rassengleichheit. Sein Name wurde für schwarze Südafrikaner zum Kampfruf. 1989 nahm die südafrikanische Regierung auf internationalen Druck hin Gespräche mit ihm auf, 1990 kam er frei.

Zum Präsidenten des ANC gewählt, kooperierte er mit der Regierung im Sinne einer nichtrassistischen Demokratie. 1994 gewann der ANC die ersten allgemeinen Wahlen in Südafrika und Mandela wurde der erste schwarze Präsident des Landes.

Eintracht
Beim Rugby-World-Cup 1995 in Südafrika bat Mandela alle, die Springboks zu unterstützen. Als Zeichen der Eintracht reichte er dem Mannschaftskapitän die Hand. Der internationale Boykott des rein weißen Teams hatte mitgeholfen, die Apartheid zu beenden.

Friedensbotschafter
1993 erhielt Nelson Mandela für seine politische Pionierarbeit in Südafrika den Friedensnobelpreis. Als Staatspräsident ging er 1999 in den Ruhestand, setzte jedoch seinen Kampf für Frieden und soziale Gereichtigkeit weltweit fort.

„Der Anarchismus ist der große Befreier des Menschen von den Trugbildern, die ihn gefangen halten."

EMMA GOLDMAN (1869–1940)
Litauisch-amerikanische Anarchistin und politische Aktivistin

ANARCHISMUS ist …

die Überzeugung, dass jede Form von Regierung falsch ist und dass es besser für die Gesellschaft wäre, wenn sie ganz oder teilweise abgeschafft würde.

SIEHE AUCH:
→ **Umweltschutz** S. 108–109
→ **Terrorismus** S. 118–119
→ **Revolution** S. 120–121

Anarchisten halten eine Gesellschaft für möglich, in der Regeln nicht von oben auferlegt werden, sondern sich das Volk freiwillig selbst organisiert. Anarchismus ist nicht dasselbe wie Anarchie, wo Gesetz und Ordnung überhaupt nicht anerkannt werden. Während also Anarchie auftreten kann, wenn sich Menschen gegen die Staatsgewalt auflehnen, glauben Anarchisten, dass – wenn sie einmal abgeschafft ist – Menschen kooperieren können, um das Leben ohne staatliche Kontrolle gerechter und gleicher zu gestalten.

ANTI-AUTORITÄR

Die meisten Anarchisten glauben, dass die Menschen an sich gut sind und dass der Staat sie im Lauf der Zeit verdorben hat. Jede Regierung ist in ihren Augen falsch, weil sie die Gesellschaft im Interesse einer Minderheit organisiert. Viele Anarchisten glauben auch, dass Menschen bereit sind zusammenzuarbeiten, um für ihren Bedarf zu produzieren, und dass kleine Gruppen wie Kommunen der beste Weg sind, Gesellschaften zu organisieren, indem Einzelne ermächtigt werden, eigene Netzwerke zu bilden. Typisch ist, dass sie die Entwicklung, die kapitalistische Gesellschaften genommen haben, ablehnen. Daher stehen sie politisch oft links. Doch Misstrauen gegen den Staat, die Weigerung, Steuern zu zahlen oder die Rechte des Individuums zu kontrollieren, wie z. B. das Recht, eine Waffe zu tragen, gibt es auch am rechten Rand, wie man an militanten Gruppen in den USA sieht.

DEN STAAT ZERSTÖREN

Das politische Hauptziel von Anarchisten ist die Zerschlagung des Staates. Russische Revolutionäre glaubten 1917, sie seien auf dem Wege dahin, und der Staat werde, wie sich der deutsche politische Theoretiker Friedrich Engels ausdrückte, einfach „absterben". Aber trotz einer gravierenden Veränderung der Gesellschaftsstruktur ersetzte letztlich bloß eine neue Regierung die alte. Das Paradox des Anarchismus ist, dass Opposition gegen jeden Staat die Macht seinem Zugriff entzieht.

In Spanien setzte sich in den Jahren vor dem Bürgerkrieg (1936–1939) in weiten Teilen der Gesellschaft anarchistisches Gedankengut durch. Auf dem Land riefen kleine Gruppen zur Gründung von Bauernkommunen auf, andere wiederum zu einer „Propaganda der Tat" – lokalen Aufständen. Arbeiter übernahmen den Anarchosyndikalismus, der den Kapitalismus mithilfe der Gewerkschaften zerschlagen wollte. 1936 kontrollierten anarchistische Revolutionäre weite Teile des republikanischen Spaniens, konnten jedoch die Regierung nicht stürzen – mit der Begründung, dies würde eine anarchistische Diktatur schaffen und eine Diktatur könne nie anarchistisch sein.

IN AKTION

Obwohl Anarchisten den Staat eher ablehnen, können sie ohne ihn, falls sie nicht völlig autark sind, nicht agieren. Doch es gibt Beispiele anarchistischer Netzwerke und Gemeinschaften, die in kleinerem Maßstab gut funktionieren, z. B. die Kibbutz-Bewegung in Israel, wo alle Bewohner zur Kommune beitragen. Auch in anderen politischen Zusammenhängen wurden anarchistische Ideen aufgegriffen, von protestierenden Studenten in den 1960er-Jahren, von Globalisierungskritikern der Occupy-Bewegung Anfang der 2010er-Jahre und der neuen Umweltschutzbewegung Extinction Rebellion. Anarchisten verweisen auch auf informelle Selbsthilfenetzwerke, die nach Katastrophen entstehen, um knappe Ressourcen zu sichern, wie nach dem Hurrikan Katrina (der 2005 New Orleans traf) – als Beleg dafür, dass es eine natürlichere als die vom Staat vorgegebene Gesellschaftsform gibt.

Politische Ideologien

SOZIALISMUS ist …

Karl Marx

KOMMUNISMUS ist …

Tiananmen-Platz

LIBERALISMUS ist …

KAPITALISMUS ist …

Der Berliner Mauerfall

NEOLIBERALISMUS ist …

KONSERVATISMUS ist …

FASCHISMUS ist …

Hitlers Aufstieg zur Macht

POPULISMUS ist …

Die Wahl von Donald Trump

Was ist die VISION?

Eher **Kooperation** als **Wettbewerb**

Eine **Mischökonomie** aus Privatwirtschaft und **Sozialstaat**

Liberale meinen, dass jeder das **Recht** hat, seine eigenen Ziele zu verfolgen.

Sozialisten glauben, **Dienstleistungen** wie das **Gesundheitswesen** sollten staatlich sein.

Gleiche Rechte für alle Menschen, unabhängig von **Geschlecht, Rasse oder Religion**

Jeder **leistet seinen Beitrag** und **hat gleiches Recht** auf staatliche Zuschüsse.

Kommunisten glauben an eine **klassenlose Gesellschaft,** die auf einer Ideologie aufbaut.

Wir alle haben unsere eigene Vorstellung von einer guten Gesellschaft, z. B. davon, was ein gerechter Lohn ist oder was das Mindestalter für den Führerschein sein sollte.

Politiker und Regierungen lassen sich oft von Überzeugungen oder Ideologien leiten, wenn es um den besten Aufbau einer Gesellschaft oder Führungsfragen geht. Um die Unterschiede zwischen diesen Überzeugungen klarer zu machen, lassen sie sich in einem Rechts-links-Schema einordnen. Eine Position am jeweils anderen Ende bedeutet einen Gegensatz. Kommunismus und Sozialismus auf der linken Seite werden mit sozialer Gleichheit und Widerspruch zu starren Hierarchien assoziiert. Rechtsorientierte Gesinnungen wie etwa Konservatismus stehen für soziale Ordnung und Privateigentum. Der in der Mitte angesiedelte Liberalismus fordert individuelle Freiheiten und Mischökonomien.

„Für mich ist Sozialismus seit jeher eine Frage der Freiheit, der Solidarität und der Verantwortung."

JACQUES DELORS (geb. 1925)
Französischer und europäischer Politiker

SOZIALISMUS ist ...

die Überzeugung, dass alle Menschen in einer Gesellschaft gleichermaßen Anteil am Wohlstand ihres Landes haben sollten.

SIEHE AUCH:

→ **Karl Marx** S. 44–45

→ **Kommunismus** S. 46–47

→ **Kapitalismus** S. 52–53

→ **Neoliberalismus** S. 56–57

Seit dem globalen Wirtschaftsabschwung, der 2008 durch die Finanzkrise ausgelöst wurde, gibt es erneutes Interesse am Sozialismus als Alternative zum freien Marktkapitalismus. Mehr auf sozialer Gerechtigkeit, Gemeineigentum und Kooperation basierend als auf Wettbewerb, ist Sozialismus im politisch linken Spektrum verortet. Die Farbe rot, insbesondere eine rote Rose, steht hier symbolisch für das Blut der Arbeiter im Kampf gegen den Kapitalismus.

STAATSEIGENTUM

Sozialisten glauben, dass die Produktionsmittel zur Herstellung von Gütern, wie Fabriken und Infrastruktur, Gemeineigentum sein sollten, d.h. entweder in Staatsbesitz oder unter der Kontrolle der Arbeiter. Was produziert wird, sollte je nach Bedarf gleichmäßig verteilt werden. Der Staat sollte die Grundversorung über Steuern finanzieren, wie etwa Schulen, das Gesundheitswesen und Wohnraum.

SOZIALE UMWÄLZUNG

Der Sozialismus kam im frühen 19. Jahrhundert als Reaktion auf den Kapitalismus und die durch die Industrielle Revolution ausgelösten Umbrüche auf. Der deutsche Philosoph und Ökonom Karl Marx sah ihn als eine wesentliche Stufe auf dem Weg zum Kommunismus, der Abschaffung von Privateigentum und dem Aufbau einer klassenlosen Gesellschaft. Einige frühe Sozialisten, oft „Utopisten" genannt, gründeten Genossenschaften und experimentierten mit Wohngemeinschaften. Andere führten den sozialistischen Kampf über Gewerkschaften (Verbände zum Schutz der Arbeiterrechte) oder über revolutionäre Bewegungen wie die Kommune, die 1871 zwei Monate Paris beherrschte. Der Sozialismus wurde in vielen Staaten zu einer starken politischen Kraft.

DEMOKRATISCHER SOZIALISMUS

Demokratische Sozialisten wollen den Sozialismus schrittweise und nicht durch eine Revolution verwirklichen. Sie glauben, dass eine demokratisch gewählte Regierung die Wirtschaft und den öffentlichen Dienst regulieren sollte. Gesundheitswesen und Bildung sollten steuerfinanziert und kostenlos sein, Renten- und Sozialleistungen allen zustehen. Der öffentliche Dienst oder der Transportsektor sollten in staatlicher Hand sein und nicht privaten Profiten dienen. Mit Ausnahme von Kleinunternehmen und Wohneigentum streben demokratische Sozialisten die Verstaatlichung an. Ein Beispiel für eine demokratisch-sozialistische Regierung war 1945 die britische Labour Party als weltweiter Pionier für den kostenlosen Nationalen Gesundheitsdienst (NHS). In jüngerer Zeit haben Politiker wie der US-Demokrat Bernie Sanders sich als demokratische Sozialisten bezeichnet und eine sozialistische Politik gefordert.

SOZIALDEMOKRATEN

Anders als viele Sozialisten halten Sozialdemokraten den Kapitalismus für reformfähig. Sie sind für eine Mischwirtschaft aus privaten und öffentlichen Unternehmen und staatlich finanziertem Sozialsystem zur Beseitigung der Armut. In den meisten europäischen Ländern waren Sozialdemokraten schon an der Regierung, vor allem in den nordischen Staaten, die den Sozialstaat erheblich ausgebaut haben. Auch in Deutschland findet man eine Kombination sozialistischer und kapitalistischer Prinzipien: Privateigentum ist geschützt, es besteht ein umfangreiches Sozialsystem, und Gewerkschaften führen die Tarifverhandlungen mit den Arbeitgebern.

REVOLUTIONÄRER SOZIALISMUS

Am anderen Ende des Spektrums vertreten viele Sozialisten die Ansicht, Sozialismus werde nie über Wahlen zu erreichen sein. Kapitalistische Ideologie und Praxis seien so tief verwurzelt und der Eigennutz so ausgeprägt, dass eine sozialistische Gesellschaft nur durch eine Revolution zu erreichen sei. Sozialistische Revolutionen haben bereits stattgefunden, vor allem 1917 in Russland auf Grundlage des „Marxismus-Leninismus" mit dem Ziel der Verwirklichung eines kommunistischen Staates.

Karl Marx

1818–1883

Karl Marx war revolutionärer Sozialist und Philosoph. Er sagte voraus, dass die Proletarier den Kapitalismus stürzen und eine kommunistische, gleichberechtigte Gesellschaft aufbauen würden. Marx hat die praktische Umsetzung nie erlebt, seine Ideen aber haben die Politik im 20. Jahrhundert erschüttert. Sein umfangreiches Werk hatte erheblichen Einfluss auf politische Bewegungen in aller Welt.

„Die Proletarier haben nichts […] zu verlieren als ihre Ketten. […] Proletarier aller Länder vereinigt Euch!"

Politikwissenschaftler

1818 in Trier geboren, studierte Karl Marx Jura und Philosophie. Seine Arbeit als Akademiker und Journalist gab ihm Einblick in die politischen und sozialen Fragen seiner Zeit und brachte ihn zu der Überzeugung, dass die Wirtschaft bei der Behebung gesellschaftlicher Misstände entscheidend war. Beeinflusst wurde er auch von Hegel, einem deutschen Philosophen des frühen 19. Jahrhunderts, demzufolge gesellschaftliche Spannungen zu Fortschritt führen.

Radikaler Journalist

1843 ging Marx nach Paris. Europa brodelte vor radikalen politischen Ideen und schien vielen reif für die Revolution. In Paris nahm Marx die Freundschaft zu seinem deutschen Kollegen Friedrich Engels wieder auf, mit dem er seine berühmtesten Texte verfasste. 1848 veröffentlichten sie ihr einflussreiches *Kommunistisches Manifest*, das den Sturz des Kapitalismus und eine kommunistische Gesellschaft prophezeite. Sie waren sich einig darin, dass die Arbeiterklasse weltweit die Triebkraft für die Revolution und den Wandel sein könne. Unerwünscht wegen seiner Ideen, ging Marx ins Exil nach London. Dort schrieb er sein Hauptwerk *Das Kapital* (1867), in dem er das Wesen des Kapitalismus und die systembedingte Ausbeutung der Arbeiter analysiert.

Geistiges Erbe

Marx' Ansichten zum Klassenkonflikt wurden als Nachweis gedeutet, dass der Kommunismus den Kapitalismus ablösen werde. Als Marxismus wurden sie von revolutionären Bewegungen aufgegriffen und Parteilinie, u. a. in der Sowjetunion, in China und auf Kuba. Was Marx von all dem, was da in seinem Namen umgesetzt wurde, gehalten hätte, wissen wir nicht.

Personenkult
Marx wurde in der Sowjetunion glorifiziert wie der erste Parteiführer Lenin (oben rechts). Die 1922 gegründete Union der Sozialistischen Sowjetrepubliken (UdSSR), wurde nach marxistisch–leninistischen Prinzipien regiert.

Politisches Kapital
Marx wurde zu einer politischen Ikone, aber leben konnte er von seiner Arbeit kaum. Seine Mutter sagte: „Hätte Karl doch Kapital geschaffen, anstatt nur darüber zu schreiben." Von Engels wurde Marx unterstützt, bei seinem Tod aber war er nahezu mittellos.

„Jeder nach seinen Fähigkeiten, jedem nach seinen Bedürfnissen!"
KARL MARX (1818–1883)
Revolutionärer Denker, Philosoph und Ökonom

KOMMUNISMUS ist …

eine politische Philosophie, die nach Gemeinschaftseigentum und Schaffung einer gleichberechtigten Gesellschaft strebt.

SIEHE AUCH:
← **Sozialismus** S. 42–43
← **Karl Marx** S. 44–45
→ **Tiananmen-Platz** S. 48–49
→ **Kapitalismus** S. 52–53
→ **Der Berliner Mauerfall** S. 54–55

Anhänger des Kommunismus, die sogenannten Kommunisten, wollen eine auf sozialer Gerechtigkeit, Gleichheit und Kooperation basierende Gesellschaft aufbauen. Vor allem wollen sie Privateigentum jeder Art abschaffen und durch Gemeinschaftseigentum ersetzen – ein System also, in dem alles allen gehört. Dabei arbeitet jeder nach seinen Fähigkeiten für das Gemeinwohl und jeder erhält, was er benötigt.

Der Kommunismus ist am äußersten linken Ende des politischen Spektrums angesiedelt. Ähnlich dem Sozialismus, betont er die soziale Gerechtigkeit und Kooperation, jedoch zielt er darüber hinaus auf die völlige Abschaffung von Privateigentum ab und will eine klassenlose Gesellschaft schaffen.

ANTIKAPITALISMUS

Kommunisten wollen das kapitalistische System stürzen, weil es eine große Kluft zwischen Arm und Reich erzeuge. Sie glauben, dass die Strukturen des Kapitalismus und der Industrialisierung eine privilegierte Klasse, die Bourgeoisie, hervorbringen, die die Produktionsmittel besitzt (Fabriken, Geschäfte, Unternehmen und Dienstleistungen) und das Waren produzierende Proletariat (Arbeiterklasse), ausbeutet und in Armut hält.

MARXISMUS

1848 veröffentlichten Karl Marx und sein Kollege Friedrich Engels, das *Kommunistische Manifest*. In dieser Schrift skizziert Marx den Weg zum Kommunismus. Der Kapitalismus beute nicht nur Menschen aus, sondern sei auch selbstzerstörerisch, weil er finanzielle Instabilität und Spannung zwischen den Klassen schaffe. Er glaubte, dass Klassenkampf zunächst zum Sozialismus führen werde und später unweigerlich zum Kommunismus – einer klassenlosen, auf Gemeinschaftsgeigentum basierenden Gesellschaft. Marx' Prinzipien sind bis heute die Grundlage der kommunistischen Ideologie.

REVOLUTION

Im frühen 20. Jahrhundert waren Sozialismus und Kommunismus attraktive Ideologien für Antikapitalisten. Eine Reihe von Ländern strebte kommunistische Systeme an. 1917 führten Lenin und die Bolschewiken in Russland Fabrikarbeiter in eine kommunistische Revolution, um den Zar zu stürzen. Als kommunistische Symbole wurden zu dieser Zeit der Hammer (= Fabrikarbeiter) und die Sichel (= Bauern) erstmals eingeführt. Ab 1922 waren Russland und seine Nachbarregionen in einem großen föderalen Staat zusammengeschlossen, der Sowjetunion. Unter Lenin und ab 1924 Josef Stalin wurde nach „marxistisch-leninistischen" Prinzipien regiert. Eine zentrale Autorität, die Kommunistische Partei, wurde als Vertretung der Arbeiter und Bauern gegründet. Das Privateigentum wurde aufgehoben, an seiner Stelle das Gemeineigentum eingeführt und die Wirtschaft staatlich gelenkt. In der Theorie regierte die Partei die Sowjetunion zum Wohl der Menschen, in der Praxis aber, insbesondere unter Stalin, wurde sie zu einer Einparteiendiktatur.

KOMMUNISTISCHE STAATEN

1949 übernahm China eine Form des Kommunismus, den sogenannten „Maoismus". Er unterschied sich vom Marxismus-Leninismus darin, dass eher Feldarbeiter denn Fabrikarbeiter die Haupttriebkräfte der Revolution waren. Als zentrale Autorität regierte die Kommunistische Partei Chinas das Land. Andere kommunistisch geprägte Regime gab es in Kuba, Vietnam und Nordkorea.

DER WEG ZUM KOMMUNISMUS

Einige behaupten, dass weder Stalins Sowjetunion noch Maos China kommunistisch waren, sondern autoritäre Regime, in denen Menschen ihre Freiheit verloren. Das widersprach Marx' Verständnis von Kommunismus. Nach dem Berliner Mauerfall 1989 war der Kommunismus unpopulär, doch die globale Finanzkrise seit 2008 und ihre Auswirkungen auf das Leben vieler Menschen haben erneut Interesse an seinen Ideen geweckt.

„Sie haben wirtschaftliche Freiheit gegen unsere politische Freiheit ausgetauscht."

WU'ER KAIXI (geb. 1968)
Anführer der Studentenbewegung

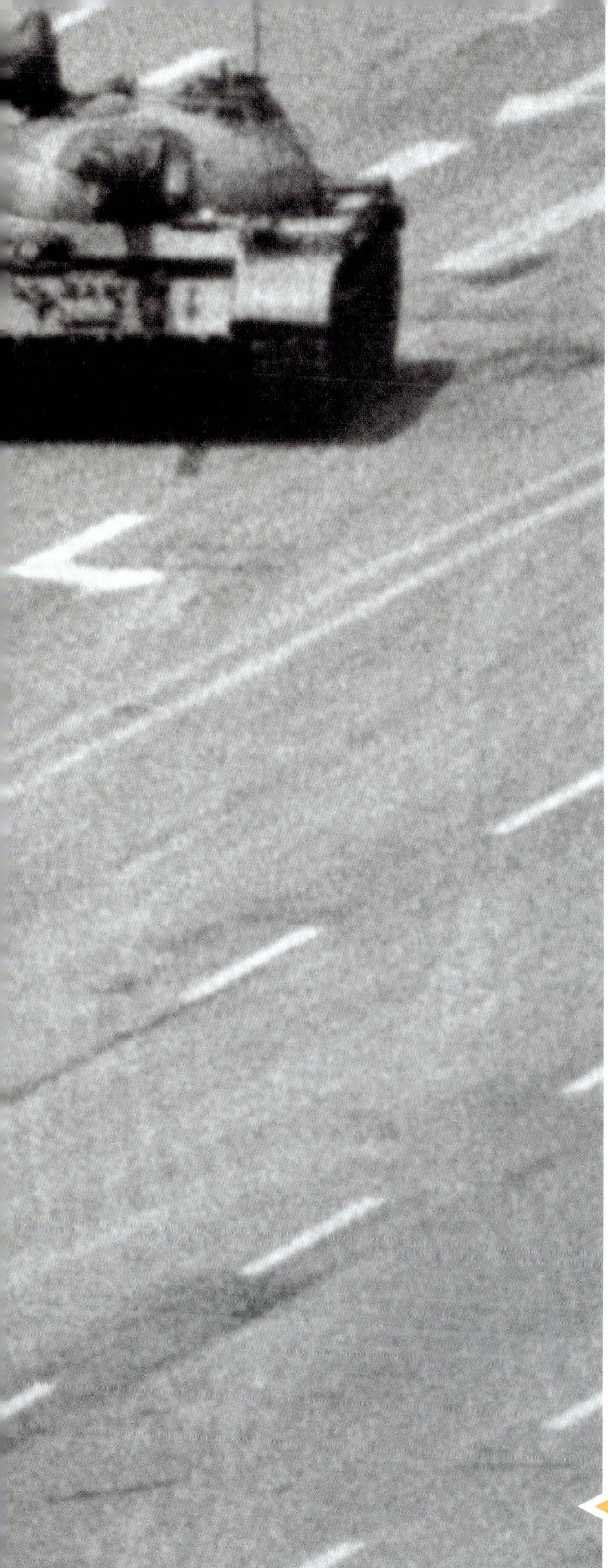

TIANANMEN-PLATZ

4. JUNI 1989

1989 gipfelten monatelange friedvolle Proteste für Demokratie und gegen Korruption in Chinas Hauptstadt Peking in einer extremen Reaktion der kommunistischen Machthaber.

Nach dem Tod seines Führers Mao Zedong 1976 waren die 1980er-Jahre für China eine Zeit des Wandels. Die Kommunisten hatten 1949 die Kontrolle übernommen. Beeinflusst vom Marxismus schuf Mao seine eigene Version des Kommunismus, den Maoismus.

Maos „Großer Sprung nach vorn" (1958), eine Kampagne zur Umgestaltung der Industrie und Landwirtschaft, ging einher mit harten Arbeitsbedingungen und einer Hungersnot mit 15 bis 45 Millionen Toten. Die Kulturrevolution 1966, ein brutales Durchgreifen gegen vermeintliche Antikommunisten, forderte weitere Millionen Opfer.

Die 1980er-Jahre brachten China wirtschaftliche Reformen, aber auch Korruption. Im April 1989 demonstrierten auf dem „Platz des Himmlischen Friedens" Studenten für mehr politische Freiheit. Im Mai schickte die Führung das Militär, aber die Protestierenden, mittlerweile fast eine Million, wichen nicht. Am 3. Juni rollten die Panzer, und tags darauf verübten die Soldaten ein Massaker, bei dem Tausende getötet wurden. Weitaus mehr wurden verhaftet.

Heute ist China ein Global Player, der Maos Kommunismus mit staatlich kontrolliertem Kapitalismus verbindet. Dissens wird nicht toleriert und die Ereignisse auf dem Tiananmen-Platz sind tabu.

„Tank Man"
Das Bild eines unbekannten Mannes, der sich unbewaffnet den Panzern in den Weg stellte, wurde weltweit zum Symbol zivilen Ungehorsams – leider nicht in China.

„Der klassische Liberalismus ist die Idee, dass individuelle Freiheit und wenig Staat der menschenfreundlichste Weg zu einer freien Gesellschaft ist."

DAVE RUBIN (geb. 1976)
Amerikanischer politischer Kommentator

LIBERALISMUS ist ...

eine politische Philosophie, die Rechte und Freiheiten des Einzelnen in den Mittelpunkt der Politik stellt.

SIEHE AUCH:
← **Sozialismus** S. 42–43
→ **Kapitalismus** S. 52–53
→ **Neoliberalismus** S. 56–57

Redefreiheit, freie Presse, und Gleichberechtigung sind nur einige der mit dem Liberalismus verknüpften Werte. Das Wort kommt vom lateinischen *liber* für „frei". Der Liberalismus ist ein umfassender Begriff, der sowohl wirtschaftliche als auch politische Ideen beinhaltet. Wirtschaftlich steht er für freien Handel und wenig staatliches Eingreifen, politisch für Gesellschaftsreformen und Menschenrechte. In den USA denkt man bei „Liberalismus" an Sozialismus. Liberale Prinzipien bilden die Basis der liberalen Demokratien des Westens, die auf demokratisch gewählten Regierungen beruhen.

GEDANKEN DER AUFKLÄRUNG

Der Liberalismus ist in der Mitte des politischen Spektrums angesiedelt. Nur in den USA wird er zum linken Flügel gerechnet. Seine Wurzeln liegen im 17. und 18. Jahrhundert, als Denker die Idee einer Herrschaft von Gottes Gnaden infrage stellten. Mit ihrer Ansicht, dass Menschen von Geburt an natürliche Rechte haben, forderten sie die Autorität der Monarchie und der Kirche heraus. John Locke, ein englischer liberaler Philosoph des 17. Jahrhunderts, plädierte für einen „Gesellschaftsvertrag" zwischen Bürgern und Regierung. Zwei Jahrhunderte später weitete der englische Theoretiker John Stuart Mill diese These aus. Seinem klassischen Liberalismus zufolge sollte der Einzelne die Chance haben, auf seine Art zu leben, solange er anderen damit nicht schadet. Aufgabe der Regierung sollte sein, diese Freiheit durch Gesetze zu ermöglichen und zu schützen.

LIBERALE VOLKSWIRTSCHAFT

Historisch betrachtet haben Liberale den Kapitalismus tendenziell gestützt. Ihrer Meinung nach sollte die Regierung im Sozialbereich eingreifen, auf dem Gebiet der Wirtschaft jedoch zurückhaltend sein. Adam Smith, ein schottischer Ökonom des 18. Jahrhunderts, plädierte als erster für Freihandel, weil er glaubte, der Markt werde sich über Angebot und Nachfrage von selbst regulieren. Diese Vorstellung beherrschte das liberale Denken bis zur Weltwirtschaftskrise in den 1930er-Jahren. Damals behaupete der britische Ökonom John Maynard Keynes, dass in schweren Zeiten Regierungen intervenieren sollten, um die Wirtschaft zu stützen und soziale Not zu lindern.

EIN REFORMIERENDER EINFLUSS

Der Liberalismus war politisch und reformerisch ungeheuer wirkungsvoll. Die Ideen von der Freiheit und den Rechten des Individuums beeinflussten die Amerikanische Revolution 1776 sowie die Französische Revolution 1789 und trugen bei zum Entstehen der modernen Demokratie. Sein Einfluss setzte sich im 19. und 20. Jahrhundert fort und fand in liberalen Parteien und Regierungen seinen Ausdruck. Heute unterstützen Liberale gesellschaftliche Reformen (z. B. in Bezug auf Frauen- und Genderrechte, Rechte für Mobilitätseingeschränkte sowie Rede- und Religionsfreiheit). Dennoch wurde der Liberalismus vom Sozialismus, Konservatismus und zuletzt durch die Zunahme von neoliberalen Wirtschaftssystemen infrage gestellt. Heute hat er als politische Bewegung an Kraft verloren.

LIBERTARISMUS

In gewisser Weise ist Libertarismus eine Extremform. Die Libertären stellen die persönliche Freiheit über alles. Der Einzelne sollte absolut frei sein, insbesondere in Bezug auf den freien Markt. Es wird zwischen minarchistischen (so wenig Staat wie möglich) und anarchistischen Denkrichtungen unterschieden.

„Der Staatsapparat ist ein Zwangs- und Unterdrückungsapparat."

LUDWIG VON MISES (1881–1973)
Östereichisch-amerikanischer Ökonom und Theoretiker des Libertarismus

KAPITALISMUS ist ...

ein Wirtschaftssystem, in dem Handel und Industrie in privater Hand sind und gewinnorientiert betrieben werden.

SIEHE AUCH:

← **Kommunismus** S. 46–47

← **Liberalismus** S. 50–51

→ **Neoliberalismus** S. 56–57

→ **Globalisierung** S. 142–143

Denkt man an Großunternehmen und Banken, so fördert der Kapitalismus Privateigentum, Marktwettbewerb und Vermögensbildung. Im politischen Spektrum ist er rechts verortet. Seine Anhänger heißen „Kapitalisten".

EIGENTÜMER UND ARBEITNEHMER

Kapitalismus beeinflusst die Politik, weil er eine bestimmte Gesellschaftsform begünstigt. Kapitalisten glauben, dass Unternehmen inklusive Finanzdienstleister in Privatbesitz sein, sei es eine einzelne Person oder ein riesiger Konzern (große Firma oder Firmengruppe), und gewinnorientiert arbeiten sollten. In einem kapitalistischen Land wie den USA und in Europa beschäftigen Firmen bezahlte Arbeitskräfte. Diese sind normalerweise nicht am Unternehmen beteiligt – Gewinne gehen an die Geschäftsinhaber oder Aktionäre (die Unternehmensanteile besitzen) oder andere am Geschäft beteiligte Firmen. Staatliche Eingriffe sind begrenzt.

DIE UNSICHTBARE HAND

Der moderne Kapitalismus hat seine Wurzeln in der Industrialisierung des 18. und 19. Jahrhunderts. In seinem Buch *Der Wohlstand der Nationen* (1776) warb der schottische Ökonom Adam Smith für einen staatlich relativ unregulierten Handelsmarkt. Seiner Überzeugung nach stabilisieren sich solche Märkte ohne staatliche Eingriffe, weil das Gesetz von Angebot und Nachfrage den Markt automatisch reguliert. Hierfür prägte er den Begriff „unsichtbare Hand". Demgemäß ist der Wettbewerb zwischen Anbietern gut, weil er die Preise drückt, Warenknappheit hingegen treibt die Preise hoch. Smith war der Ansicht, der Markt solle auch Löhne und Arbeitsbedingungen bestimmen. Außerdem dachte er, handelten die meisten Menschen aus konsequentem Eigeninteresse: harte Arbeit liege im Interesse des Einzelnen, denn so mache er Gewinn.

KAPITALISMUS HEUTE

Heute basieren viele Wirtschaften trotz einiger Abwandlungen auf einem kapitalistischen System. Einige Länder wie Island und Schweden haben das, was man „Mischökonomie“ nennt – Teilbereiche ihrer Wirtschaft sind dem freien Markt überlassen, während etwa das Gesundheitswesen und der Transportsektor staatlich betrieben werden. In Deutschland soll die „Soziale Marktwirtschaft“ die Freiheit des Marktes mit sozialem Ausgleich verbinden. Andere Länder, wie die USA, sind zum Neoliberalismus übergegangen, was ein sehr geringes Maß an Regulierung bedeutet. Die meisten kapitalistischen Regierungen setzen Normen, wie etwa bei Lebensmitteln, und viele kapitalistische Länder haben einen Mindestlohn eingeführt.

ENTSCHEIDUNGSFREIHEIT

Befürworter des Kapitalismus berufen sich auf die Wohltaten, die er gebracht habe – Arbeitsplätze, bessere Lebensbedingungen und Wohneigentum. Der Wettbewerb hat bei einer breiten Palette von Konsumgütern Innovationen gefördert. Oft wird behauptet, der Kapitalismus biete die Freiheit der Wahl und gesellschaftliche Möglichkeiten für den Einzelnen. Doch das ist nicht immer der Fall. China z. B. betreibt einen „Staatskapitalismus“, in dem Handel und Gewerbe in allen Bereichen staatlich kontrolliert werden. Persönliche Freiheit und Bürgerrechte sind extrem eingeschränkt.

KLARE TRENNLINIEN

Kritiker des Kapitalismus wenden ein, er sei ungerecht und konzentriere den Reichtum in den Händen weniger, während der Rest schlechter gestellt ist oder in Armut lebt. Unangemessene Löhne können zu Ausbeutung und der Zusammenbruch von Märkten zu Arbeitslosigkeit führen. Da er permanent Produktivitätssteigerung und Wirtschaftswachstum verlange, wird dem Kapitalismus Raubbau an den natürlichen Ressourcen und eine Verschlimmerung der Klimakrise vorgeworfen.

DER BERLINER MAUERFALL

November 1989

Der Fall der Berliner Mauer 1989 war mehr als das Niederreißen einer Grenze aus Beton. Er symbolisierte das Ende des Kalten Krieges, eines 40 Jahre dauernden politischen Konflikts zwischen Ost und West.

Nach dem Zweiten Weltkrieg teilten die Alliierten Deutschland unter sich auf. Westdeutschland wurde 1949 eine kapitalistische Demokratie mit engen Bindungen zu westlichen Ländern, während Ostdeutschland unter die Kontrolle der kommunistischen Sowjetunion fiel. Auch die Hauptstadt Berlin war geteilt.

Nach der Trennung wurde das Leben der Ostdeutschen eingeschränkt. In den darauffolgenden zwölf Jahren gingen ca. 2,7 Millionen von ihnen in den Westen. Um diese Massenflucht zu beenden, errichtete das SED-Regime 1961 quasi über Nacht die Berliner Mauer. Sie wurde zum Symbol der politischen Differenzen zwischen Ost und West, eine ideologische Trennlinie, bekannt als der Eiserne Vorhang.

In den 1980er-Jahren kamen die kommunistischen Regierungen im Ostblock ins Wanken, und als Ungarn seine Grenze öffnete, flüchteten viele DDR-Bürger. Unter Druck geraten, kündigte das Regime an, Auslandsreisen zu erlauben. Am gleichen Tag, dem 9. November 1989, strömten Tausende von Menschen zur Berliner Mauer. Die Grenzposten ließen sie passieren, und die Massen begannen, sie einzureißen. Im Oktober 1990 lag die Mauer in Trümmern. Deutschland war wiedervereinigt, der Kommunismus in Europa gescheitert.

Menschen klettern auf die Berliner Mauer
Ostdeutsche Grenzsoldaten schauen zu, als Berliner am 10. November 1989, dem Tag nach der Grenzöffnung, auf einen Mauerabschnitt klettern.

„Die Mauer war ein Bauwerk der Furcht. Am 9. November […] wurde sie zu einem Ort der Freude."

HORST KÖHLER (geb. 1943)
Ehemaliger deutscher Bundespräsident

„Neoliberalisierung bedeutete [...], alles den Finanzmärkten zu überlassen."

DAVID HARVEY (geb. 1935)
Britisch-kanadischer Agrarökonom und Anthropologe

NEOLIBERALISMUS ist ...

eine Wirtschafts- und Gesellschaftspolitik, die Freihandel, Privatisierung, Kürzung von Staatsausgaben und globale Finanzmärkte fördert.

SIEHE AUCH:

← **Liberalismus** S. 50–51

← **Kapitalismus** S. 52–53

→ **Globalisierung** S. 142–143

Der Neoliberalismus ist eine Extremvariante des Kapitalismus. Seinen Anhängern zufolge sollte die ganze Wirtschaft – Handel, Industrie, Unternehmen und Finanzinstitutionen – frei sein und ohne staatliche Regeln und Beschränkungen Wohlstand schaffen. Dass seit den 1970er-Jahren Regierungen neoliberale Ideen aufgegriffen haben, hat sich erheblich auf die Wirtschaft und das Leben der Menschen ausgewirkt.

FREIE MÄRKTE

Der Ökonom Friedrich August von Hayek, ein Brite österreichischer Herkunft, war die treibende Kraft hinter dem Neoliberalismus. Er war gegen Staatsbeteiligung und Wirtschaftsplanung, wie sie während und nach der Weltwirtschaftskrise der 1930er-Jahre populär geworden waren. Der Markt (für Waren und Dienstleistungen) müsse zur Vermeidung von Konjunktureinbrüchen unreguliert sein. Er fand, staatliche Planung sei nicht effizient und das Gesetz von Angebot und Nachfrage zur Festlegung von Preisen und Verfügbarkeit von Waren sei besser für eine gesunde Wirtschaft. Eine Kontrolle durch den Staat hielt er für undemokratisch, weil sie individuelle Entscheidungen verhindere. In den 1940er- und 1950er-Jahren machten u. a. Ludwig von Mises, der ebenfalls aus Österreich stammte, und der Amerikaner Milton Friedman den Neoliberalismus populär: Ihrer Auffassung nach sollten Regierungen zur Preisstabilisierung die Geldumlaufmenge kontrollieren – eine Denkrichtung, die man „Monetarismus" nennt.

GESELLSCHAFT GIBT ES NICHT

In den 1980er-Jahren machten die Regierungen unter der konservativen britischen Premierministerin Margaret Thatcher und dem republikanischen US-Präsidenten Ronald

Reagan konsequent neoliberale Politik im Bestreben, ihre stagnierende Wirtschaft anzukurbeln. Das Entfallen von Wechselkurskontrollen ermöglichte den Geldfluss zwischen den Ländern, und Unternehmen öffneten sich für ausländische Investoren. Staatliche Beteiligungen wurden reduziert und öffentliche Grundversorger im Bereich Wasser, Energie sowie Transport und Verkehr privatisiert, sodass sie mit geringeren Zuschüssen von gewinnorientierten Unternehmen betrieben werden konnten.

Auch wurden die Steuern gesenkt, besonders für die Superreichen. Die neue Gewichtung der Eigenverantwortung als Grundlage des wirtschaftlichen Wandels, resümierte Thatcher 1987 mit den Worten: „Es gibt keine Gesellschaft ..., die Menschen müssen sich zuerst um sich selbst kümmern." Das war eine klare Absage an den Konsens der Nachkriegszeit, wonach der Staat für die Schwächeren Verantwortung trug.

SPARKURS

In den 1990er-Jahren verfolgten weiter links stehende Regierungen wie die des US-Präsidenten Bill Clinton oder des britischen Premiers Tony Blair („New Labour") ebenfalls einen neoliberalen Kurs. Auch unter der von Gerhard Schröder geführten Bundesregierung kam es zu Privatisierungen und Arbeitsmarktreformen („Hartz IV"). Die globalisierungsbedingten Wechselbeziehungen von Volkswirtschaften förderten die weltweite Freihandelspolitik. Der Boom bei Banken und Finanzinstituten endete 2008 mit der globalen Finanzkrise, gefolgt von Jahren der Rezession. Um einen ökonomischen Supergau zu verhindern, erhielten Banken Rettungsschirme, und viele Regierungen verabschiedeten „Sparhaushalte" zum Abbau des Schuldenbergs, was tiefe Einschnitte im Sozialbereich zur Folge hatte.

FOLGEN

Der Neoliberalismus bestimmt immer noch weltweit die Wirtschaft. Er hat Wachstum gebracht – mit Riesengewinnen für Banker, Finanzinstitute und Weltkonzerne –, aber es gab auch Schwankungen. Der Neoliberalismus hat die Kluft zwischen Arm und Reich bei Vermögen und Einkommen verschärft. Laut einem Bericht der internationalen Hilfsorganisation Oxfam besaß 2015 ein Prozent der Weltbevölkerung mehr als der gesamte Rest.

„Konservativ sein heißt […], das Vertraute dem Unbekannten vorziehen und das Erprobte dem Unerprobten."

MICHAEL OAKESHOTT (1901–1990)
Britischer politischer Theoretiker und Philosoph

KONSERVATISMUS ist …

ein politischer Ansatz, der traditionelle Institutionen unterstützt und realitätsnahe Lösungen wertschätzt.

SIEHE AUCH:

← **Liberalismus** S. 50–51

← **Kapitalismus** S. 52–53

← **Neoliberalismus** S. 56–57

Was Konservatismus bedeutet, sagt der Name selbst: Konservative glauben an den Erhalt (die „Konservierung") gewachsener sozialer und politischer Strukturen, die sich bewährt haben. Sie wollen Stabilität und Kontinuität statt radikalen Wandel.

REALPOLITIK

Poltitisch rechts verortet, wird der Konservatismus oft als pragmatisch beschrieben. D. h. Konservative ziehen praktische Lösungen sozialer und wirtschaftlicher Probleme solchen vor, die auf politischen Theorien oder Ideologien beruhen. Wenn überhaupt, sollte Wandel schrittweise erfolgen. Vor allem schätzen sie eine wohlgeordnete Gesellschaft, in der das Rechtsstaatsprinzip gilt.

FÜHRUNGSELITE

Im konservativen Denken ist die Gesellschaft hierarchisch aufgebaut, es gibt also Rangstufen oder soziale Klassen. Die Gesellschaftsordnung beruht darauf, dass die Besten regieren und der Rest regiert wird. Traditionsgemäß legen Konservative Wert auf konventionelle Familienstruktruren, die Monarchie (wo sie existiert), Patriotismus und Religion. Die Rolle des Staates, der angemessen für die Bedürfnisse der Bevölkerung sorgt, wird oft als paternalistisch bzw. väterlich gesehen. Vor dem Hintergrund ihrer Wertschätzung einer ausgeprägten Arbeitsmoral sind einige Konservative der Auffassung, dass jeder danach streben sollte, vorwärtszukommen und man dem Einzelnen auch die Möglichkeit dazu geben muss.

BEGRENZTER STAAT

Der Konservatismus fördert den Kapitalismus und glaubt fest an Privateigentum, Freihandel, niedrige Steuern und begrenzte staatliche Einmischung in Handel und Industrie. Viele Konservative werben für den „Trickle-down-Effekt“: Demnach sickert der Wohlstand der Reichen langsam in die unteren Schichten durch. Seit Ende des 20. Jahrhunderts haben einige von der neoliberalen Wirtschaft beeinflusste konservative Regierungen die Privatisierung von öffentlichen Diensten und Sozialleistungen gefördert.

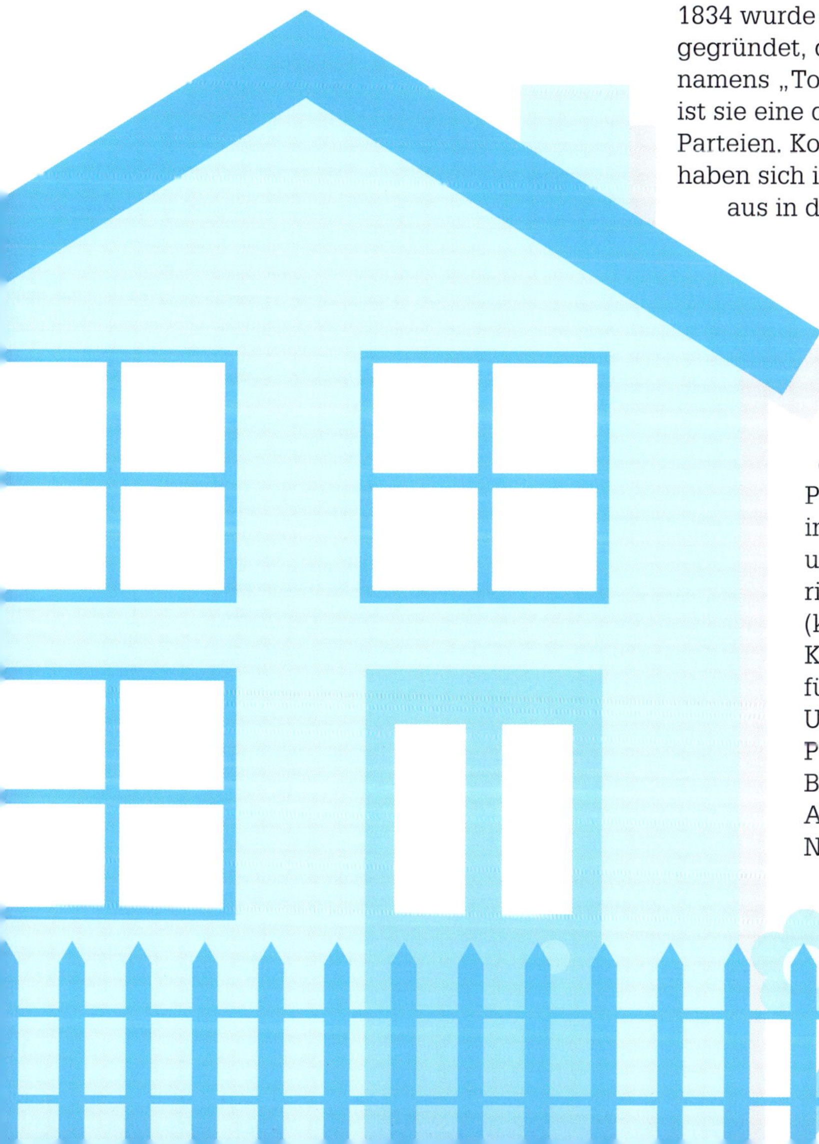

FURCHT VOR DER REVOLUTION

Wie der Liberalismus kam der Konservatismus erstmals im 18. Jahrhundert als politische Ideologie auf. Mit seinem ausgeprägten Engagement für soziale Stabilität, Ordnung und Tradition reagierte er auf die Französische Revolution 1789. 1790 verfasste der irisch-britische Philosoph Edmund Burke, bisweilen als der Vater des modernen Konservatismus bezeichnet, eine Kampfschrift, in der er den Sturz der französischen Monarchie und die Störung der gesellschaftlichen Ordnung beklagte. Konservatives Denken beruht vielfach auf seinen Ansichten. 1834 wurde die britische Konservative Partei gegründet, die aus einer irischen Gruppierung namens „Tories“ hervorgegangen war. Heute ist sie eine der ältesten erhaltenen politischen Parteien. Konservatismus und seine Prinzipien haben sich indessen über Großbritannien hinaus in der ganzen Welt verbreitet.

MODERNER KONSERVATISMUS

Der Konservatismus war in seinen verschiedenen Ausprägungen sehr einflussreich. In Großbritannien ist er seit 1945 die treibende politische Kraft. In den USA wird die Republikanische Partei mit konservativen Werten in Verbindung gebracht. In Europa und Südamerika besteht eine historische Verbindung von Christentum (katholisch oder protestantisch) und Konservatismus. Ein Beispiel hierfür ist die Christlich-Demokratische Union Deutschlands (CDU), deren Parteivorsitzende die deutsche Bundeskanzlerin Angela Merkel war. Allerdings gehören der Partei auch Nichtchristen an.

> „Alles im Staat, nichts außerhalb des Staates, nichts gegen den Staat."
>
> BENITO MUSSOLINI (1883–1945)
>
> Gründer der Nationalen Faschistischen Partei und ehemaliger „Duce del Fascismo"

FASCHISMUS ist …

eine Form des rechtsextremen Nationalismus, der die Gesellschaft im Sinne eines mächtigen autoritären Staates umgestaltet.

SIEHE AUCH:

← **Diktatur** S. 24–25

← **Totalitarismus** S. 26–27

→ **Hitlers Aufstieg zur Macht** S. 62–63

Anhänger des Faschismus heißen Faschisten. Oft wird das Wort als flapsige Beleidigung verwendet, um rechtsgerichtete, tyrannische Personen oder Gruppen zu kritisieren. In der Praxis und als politische Theorie ist er jedoch viel komplexer und brutaler.

STÄRKE DURCH EINHEIT

Der Faschismus ist rechtsradikal und äußerst nationalistisch geprägt. Er stellt Stärke und Einheit des Staates über persönliche Freiheit und Grundrechte. Gesellschaft und Wirtschaft werden reglementiert mit dem Ziel eines einheitlichen und mächtigen Staates. In der Praxis ist ein faschistisches Regime eine Ein-Parteien-Diktatur mit einem charismatischen Führer an der Spitze, der allein angeblich die Probleme eines Landes lösen kann. Das Regime ist militaristisch und fordert totalen Gehorsam, wobei es Wertschätzung der Nation und völlige Identifikation mit ihr verlangt. Propaganda, mitreißende Reden und sorgfältige Inszenierungen sollen die Massen beeinrucken und binden. Eine uniformierte, bewaffnete Miliz dient der Einschüchterung der Gegner. Faschistische Regime können demokratische Verfahren wie Wahlen zur Machterlangung nutzen, schaffen sie dann aber nach der Machtergreifung ab.

WIEDERAUFERSTEHUNG

Der Faschismus kam nach dem Ersten Weltkrieg (1914–1918) auf und wurde vom wirtschaftlichen, gesellschaftlichen und kulturellen Kollaps befeuert. Faschistische Führer erhielten Zulauf, indem sie Wiederaufbau und die Rückerlangung alter Größe versprachen. Italien war der erste faschistische Staat. 1919 gründete Benito Mussolini die Nationale Faschistische Partei (PNF). Zunächst Sozialist, stellte er sich später gegen den

Kommunismus und dessen Ideal sozialer Gleichheit. Wie andere Faschisten sah er darin eine Bedrohung der Nation. Mithilfe bewaffneter Schwadronen, den „Schwarzhemden“, gewann Mussolini Unterstützung und terrorisierte Oppositionelle. Er wurde an die Spitze des Kabinetts berufen und marchierte 1922, als Italien politisch im Chaos versank, mit den Schwarzhemden nach Rom und ergriff die Macht. Er nahm den Titel Duce (Führer) an und etablierte eine Diktatur. Bei der Umstrukturierung der Wirtschaft arbeitete er eng mit den Konzernen zusammen und versprach, an die ruhmreichen Zeiten des alten Roms anzuknüpfen. Das Regime fand 1943 mit seiner Hinrichtung durch italienische Partisanen ein Ende. In den 1930er-Jahren breitete sich der Faschismus in ganz Europa aus. 1939 stieg General Francisco Franco, dessen nationalistische Streitkräfte in einem brutalen Bürgerkrieg die Republikaner in Spanien besiegt hatten, zum Diktator auf. Seine Partei Falange herrschte bis 1975. In Portugal wurde nach einem Militärputsch 1926 eine Diktatur errichtet. Das Regime von António de Oliveira Salazar bestand bis 1974.

NATIONALSOZIALISMUS

In Deutschland war der Faschismus als Nationalsozialismus bzw. Nazismus bekannt. Sein Führer Adolf Hitler schlug Kapital aus der Demütigung durch die Niederlage von 1918, indem er versprach, Deutschland wieder zu einer bedeutenden Militärmacht zu machen. Der Nazismus wurde hier 1933 bis 1945 zur bestimmenden Kraft. Wie andere faschistische Regime war er nationalistisch und totalitär, aber anders als in Italien spielte hier der Antisemitismus eine fundamentale Rolle. Indem die Nazis die „arische Herrenrasse“ propagierten, machten sie Juden, Roma und andere Minderheiten zum Sündenbock. SA und Gestapo, die gefürchtete Geheimpolizei, brachen jeden Widerstand.

NEOFASCHISMUS

Kein Land bzw. keine politische Gruppe würde sich heute als faschistisch bezeichnen. Jedoch werden die Begriffe „neofaschistisch“ oder „Neonazi“ auf Gruppen oder Einzelpersonen angewandt, die entsprechende Ansichten vertreten. In letzter Zeit waren das die AfD in Deutschland, der Rassemblement National in Frankreich oder die English Defence League in Großbritannien. Ein neuerer Begriff ist „alt-right“, der sich auf die Bewegung rechtsextremer, weißer Suprematisten in den USA seit den 2010er-Jahren bezieht. Ihre Anhänger zeigen offen Nazisymbole, sind antisemitisch und für strenge Einwanderungsregeln. Im Gegenzug entstand ein aktives „Antifa“-Netzwerk.

„Vergesst nie, dass alles, was Hitler in Deutschland tat, ‚legal' war."

MARTIN LUTHER KING JR. (1929–1968)
US-amerikanischer Baptistenpastor und Bürgerrechtler

HITLERS AUFSTIEG ZUR MACHT

SEPTEMBER 1919–AUGUST 1934

Nach der Niederlage Deutschlands im Ersten Weltkrieg (1914–1918) machte der Ex-Gefreite Adolf Hitler Stimmung für seine rechtsextreme Nationalsozialistische Deutsche Arbeiterpartei. Er überzeugte viele, die Nazis könnten das gedemütigte Land wieder groß machen.

Hitler trat 1919 der nationalistischen Deutschen Arbeiterpartei (später NSDAP) bei, und mit seinem Talent als öffentlicher Redner wurde er 1921 Parteivorsitzender. Doch der Erfolg bei den Massen ließ auf sich warten, und als sein Putschversuch 1923 scheiterte, wurde er wegen Hochverrats inhaftiert.

Die breite Berichterstattung über den Prozess machte Hitler zu einer öffentlichen Person. Nach seiner Freilassung strebte er mittels Propaganda und Einschüchterung an die Macht. Indem er Kommunisten und Juden die Schuld am politischen und wirtschaftlichen Chaos gab, einte er das Volk gegen diese „Feinde". Die Anhängerschaft wuchs. 1933, als seine Partei noch nicht die Macht hatte, wurde Hitler durch eine Hinterzimmer-Intrige Reichskanzler. Einige Wochen später brach im Reichstag ein ungeklärter Brand aus. Durch Schuldzuweisung an die Kommunisten setzte Hitler ein Ermächtigungsgesetz durch, mit dem er jede Opposition ausschaltete. 1934 rief er sich zum Führer aus. Seine Diktatur sollte 1939 erneut zum Krieg führen.

Macht und Ruhm
Hitler beim Reichserntedankfest 1934. Die Nazis nutzten die Magie der Uniformen, Symbole und Ehrenbezeugungen, um das Volk hinter sich zu einen.

„Ich bin kein Individuum, ich bin das Volk."
HUGO CHÁVEZ (1954–2013)
Ehemaliger Präsident von Venezuela

POPULISMUS ist ...

eine politische Strategie, die vorgibt, die Bedürfnisse einfacher Leute gegen eine privilegierte oder korrupte Elite zu vertreten.

SIEHE AUCH:
Neoliberalismus S. 56–57
Die Wahl von Donald Trump S. 66–67
Globalisierung S. 142–143

Der Begriff „Populismus" taucht seit dem letzten Jahrzehnt häufig in den Medien auf. Politiker und Politikerinnen wie Donald Trump (USA), Marine Le Pen (Frankreich) und die linke Formation Podemos in Spanien stehen für den Erfolg des Populismus. Als politischer Ansatz, dessen sich sowohl Linke als auch Rechte bedienen, sieht der Populismus eine zweigeteilte Gesellschaft, in der sich „das Volk" und die „Elite" gegenseitig bekämpfen.

CHARISMATISCHE FÜHRER

Populistische Führer werden oft als „Demagogen", charismatische, überlebensgroße Figuren beschrieben, die sich darauf verstehen, die Massen aufzupeitschen. Ob sie einer Partei zugerechnet werden oder nicht, präsentieren sie sich als Fürsprecher des Volkes. Aus ihrer Sicht besteht das „Volk" aus unverfälschten Individuen, die der korrupten, antidemokratischen und von Eigeninteressen geleiteten „Elite" moralisch überlegen sind.

PATHETISCHE SPRACHE

Zur Strategeie von Populisten gehört eine gefühlsgeladene Sprache, um sich tiefsitzende Ängste ihres Publikums zunutze zu machen, das sich von den Machthabenden betrogen fühlt. In seiner Präsidentschaftskampagne 2016 versprach Donald Trump „den Sumpf trockenzulegen", d. h. er wollte die Administration in Washington von angeblicher Korruption befreien. Besorgnis um die Demokratie zu äußern, ist ein weiteres durchgängiges Merkmal. In den 2010er-Jahren fand Nigel Farage als Kopf der britischen United Kingdom Independence Party (UKIP) Anklang mit seiner populistischen Kampagne gegen die EU. Er behauptete, die EU sei undemokratisch, und forderte die Wiederherstellung der britischen

Souveränität. So können Populisten demokratische Kanäle nutzen, um Einfluss zu gewinnen – jedoch streben sie danach, das Regierungssystem zu untergraben, sobald sie an der Macht sind.

POPULISTISCHE BEWEGUNGEN

Die Finanzkrise 2008, wirtschaftliche Not und soziale Ungleichheit haben die Unterstützung für diverse kurzlebige, größtenteils linkspopulistische Bewegungen begünstigt. Dazu gehörten die Occupy-Bewegung, die mit „Wir sind die 99 %" ein Schlaglicht auf wirtschaftliche und soziale Ungerechtigkeit warf, und die spanische Linkspartei Podemos, die sich gegen den Sparhaushalt auflehnte. Die Gelbwesten haben 2018 gegen die französische Regierung demonstriert.

MACHTÜBERNAHME

Vorbehalte gegen ethnische Minderheiten und die Flüchtlingswelle haben Populisten begünstigt, ebenso wie die Wahrnehmung, dass nicht alle Gruppen in der Gesellschaft von der Globalisierung profitiert haben. Populistische Parteien haben auf solche Themen gesetzt, um an die Regierung zu kommen. Am linken Rand gehörten dazu der inzwischen verstorbene venezolanische Präsident Hugo Chávez, dessen Partei bis zu seinem Tod 2013 regierte. Die griechische Partei Syriza, ein Bündnis aus Linksradikalen, das 2015 die Regierung bildete, schrieb die wirtschaftliche Not Griechenlands den etablierten Parteien zu. Viele moderne populistische Parteien und Parteichefs sind rechtsorientiert. Einige geben sich nationalistisch und migrationsfeindlich. Sie greifen eine in ihren Augen intellektuell-liberale Elite an, die Einwanderung unterstützt. Dazu zählen der Rassemblement National von Marine Le Pen in Frankreich und Ungarns Premierminister Viktor Orbán, aber auch Teile der deutschen AfD. Zwar geben sie sich als echte Demokraten, in Wirklichkeit aber mögen sie keine demokratischen Debatten, sondern wollen die Medien kontrollieren und die Pressefreiheit einschränken.

REIZ DES POPULISMUS

Die Anziehungskraft des Populismus besteht in der direkten Ansprache des Volkes unter Umgehung der „Eliten" und er scheint einfache Lösungen für komplexe Probleme zu bieten. Seine Zunahme spiegelt die wachsende Distanz der Wählerschaft zu den etablierten Parteien, die aus ihrer Sicht die Bodenhaftung verloren haben. Populistische Ideen verbreiten sich schnell über die sozialen Medien, führen aber oft zu Fehlinformationen.

„Von jetzt an wird eine neue Vision dieses Land regieren […] Amerika zuerst."

DONALD TRUMP (geb. 1946)
Ehemaliger US-Präsident, bei seiner Antrittsrede 2016

DIE WAHL VON DONALD TRUMP

8. November 2016

2016 wurde der Republikaner Donald Trump überraschend zum 45. Präsidenten der USA gewählt. Politisch ein völliger Außenseiter, gewann Trump die US-amerikanische Wählerschaft mit einer populistischen Strategie.

Unterstützt wurde Donald Trump von Wählern, die sich vom politischem Kurs einer ganzen Politikergeneration vernachlässigt gefühlt hatten und einen radikalen Wandel wollten.

Trump hatte das Immobilienimperium seines Vaters geerbt und war noch nie in ein politisches Amt gewählt worden. Er präsentierte sich als „Anti-Establishment", als Gegensatz zur bisherigen Machtelite. Auf populistische Weise setzte er „die Elite" gegen „das Volk", dem er mehr Macht versprach, wobei er die Menge in Sprechchören fordern ließ, seine demokratische Präsidentschaftsrivalin Hillary Clinton hinter Gitter zu bringen. Trump umging die klassischen Medien, die angeblich Fake News verbreiteten und twitterte direkt. Seine populären Versprechungen umfassten u. a. Steuersenkungen, „Amerika zuerst" in Handelsabkommen und in der Außenpolitik, die Leugnung des Klimawandels und eine Absage an saubere Energie zugunsten von Arbeitsplätzen im Kohlebergbau. Zu komplexen Problemen wie der Einwanderung bot er einfache Lösungen an, wie einen Mauerbau entlang der Grenze zu Mexiko. Trump gewann im Wahlmännerkollegium (304 : 227), obwohl Clinton insgesamt mehr Stimmen erhielt (48,5 % : 46,4 %).

Vier Jahre später scheiterte seine Wiederwahl jedoch: Am 3.11.2020 unterlag Trump seinem demokratischen Herausforderer Joe Biden mit 232 : 306 Wahlmännerstimmen.

„Macht Amerika wieder großartig!"
Am Vortag der Wahl appelliert Trump bei einer Wahlkampfparty in North Carolina an Menschen in den Staaten, die sich durch die Globalisierung abgehängt fühlen.

Staat und Gesellschaft

Eine VERFASSUNG ist ...

Die Entstehung des deutschen GRUNDGESETZES

MENSCHENRECHTE sind ...

Montgomery-Busboykott

GEWALTENTEILUNG ist ...

Eine POLITISCHE DEBATTE ist ...

Eine WAHL ist ...

Wahlen in Indien

STIMMRECHT ist ...

Mary Wollstonecraft

FÖDERALISMUS ist ...

Ein PUTSCH ist ...

Wie funktioniert DEMOKRATIE?

Demokratie ist ein Regierungssystem, in dem die Menschen wählen können, wer sie regieren soll. Ein gerechter und freier Staat braucht die Zustimmung der Gesellschaft.

Demokratische Staaten gründen sich auf den Glauben an Menschen- und Bürgerrechte. Diese können in einer Verfassung verankert sein, einer Vereinbarung, die die Beziehung zwischen Regierung und Bürgern regelt.

Die Regierung in einer Demokratie wird vom Volk gewählt, das über Vertreter abstimmt, die dann darüber entscheiden, wie in seinem Sinne regiert weren soll.

Die mit der Staatsführung betrauten Institutionen sind je nach Land verschieden, in der Regel aber gehören dazu ein Parlament, ein Regierungschef („Kanzler/in" in Deutschland) und ein Justizwesen, die bei Entscheidungen zusammenarbeiten und sich gegenseitig kontrollieren.

„Das Gesetz ist Ausdruck des allgemeinen Willens […] Es muss für alle gleich sein, mag es beschützen oder bestrafen."

ERKLÄRUNG DER MENSCHEN- UND BÜRGERRECHTE (1789)
Verkündet durch die französische Nationalversammlung

Eine VERFASSUNG ist …

eine Reihe von Bestimmungen darüber, wie ein Land regiert werden soll und welche gesetzlich garantierten Freiheiten seine Bürger haben.

SIEHE AUCH:

← **Die Französische Revolution** S. 18–19

→ **Die Entstehung des deutschen Grundgesetzes** S. 74–75

→ **Gewaltenteilung** S. 80–81

Meistens sind die Bestimmungen darüber, wie ein Land regiert, die Macht geteilt werden soll und welche Freiheiten und welcher Schutz den Bürger gesetzlich garantiert werden, schriftlich in einem einzigen Dokument festgehalten. Der Entwurf der US-Verfassung von 1787 umfasst 4400 Wörter und ist vier Seiten lang. Die 1949 verabschiedete indische Verfassung kommt auf 145 000 Wörter und über 232 Seiten. Dagegen besteht die britische aus vom Parlament verabschiedeten Gesetzen, Gerichtsurteilen und politischen Gepflogenheiten, die sich über Jahrhunderte entwickelt haben. Das Bundes-Verfassungsgesetz ist zwar das zentrale Dokument der österreichischen Verfassung, aber nicht das einzige mit Verfassungsrang.

IDEALE UND WERTE

Eine Verfassung ist mehr als ein Regelwerk, sie ist Ausdruck der politischen Identität eines Landes. Oft beginnt sie mit einer kurzen Erklärung, wofür das Land steht und welchen Idealen es folgen will. Das Grundgesetz von 1949 unterstreicht angesichts der Erfahrungen des Zweiten Weltkriegs den Willen des deutschen Volkes, „als gleichberechtigtes Glied in einem vereinten Europa dem Frieden der Welt zu dienen". Die 1937 verabschiedete irische Verfassung betont die Förderung des „Allgemeinwohls" durch „Umsicht, Gerechtigkeit und Barmherzigkeit".

Die unterschiedlichen Begriffe in beiden Verfassungen haben dieselbe Absicht: Sie sollen die Bürger wie ihre gewählten Repräsentanten daran erinnern und dazu ermutigen, zur Verwirklichung dieser Ideale beizutragen.

BÜRGERRECHTE

Ein zentraler Bestandteil jeder Verfassung sind die

Bürgerrechte. Die Amerikanische Unabhängigkeitserklärung von 1776 definierte als unveräußerliche Rechte „Leben, Freiheit und das Streben nach Glück“. Nur wenige Jahre später proklamierte die Erklärung der Menschen- und Bürgerrechte im revolutionären Frankreich, dass die Menschen „frei und gleich an Rechten“ geboren werden und bleiben.

Diese Dokumente, die die Gründungsprinzipien der beiden neuen Republiken enthalten, beeinflussen die Menschenrechtserklärungen und Verfassungen von Demokratien weltweit bis heute.

DIE VERTEILUNG DER MACHT

Eine Verfassung legt gewöhnlich fest, dass die Macht durch die drei staatlichen Gewalten ausgeübt wird: die Exekutive (aktuelle Regierung, in Deutschland geführt durch den/die Kanzler/in), die Legislative (gesetzgebende Versammlung) und die Judikative (Gerichte). Sie enthält auch Bestimmungen darüber, inwiefern ein Präsident, ein Premierminister oder ein Kanzler gegenüber den staatlichen Gewalten rechenschaftspflichtig ist, und wie er gewählt wird und – falls nötig – abgesetzt werden kann.

Die Verfassung bestimmt, wer in diesem System der Gewaltenteilung der Souverän ist. Im deutschen Grundgesetz (GG) heißt es, „alle Staatsgewalt geht vom Volke aus“ (Artikel 20). In Großbritannien gibt es das Konzept der „Crown-in-Parliament“, das den König oder die Königin eng an das Parlament bindet und dort (und nicht beim Volk) die Souveränität verortet.

Um eine faire und effektive Repräsentation sicherzustellen, kann eine Verfassung Regeln für Wahlen aufstellen, etwa, wer wahlberechtigt ist, wann und wie sie abzuhalten sind, wie ihr Ergebnis bestimmt wird und wer über die Einhaltung dieser Regeln wacht.

IN STEIN GEMEISSELT?

In den meisten Demokratien gilt die Verfassung als „lebendes Dokument“, das angepasst oder geändert werden kann. Es muss also festgelegt werden, wie es ergänzt werden kann, ohne seine Ursprungsideale zu verlieren. Im deutschen GG finden sich die strengen Bedingungen dafür in Artikel 79. Eine Änderung darf bestimmte Grundsätze nicht berühren.

Eine Verfassung steht über allen anderen Gesetzen. Kein Einzelner und keine Gruppe kann sie einfach ändern. Dazu bedarf es des größtmöglichen Konsenses einer Mehrheit der gewählten Repräsentanten oder einer Volksabstimmung. So ist eine GG-Änderung nur mit einer Zweidrittelmehrheit des Deutschen Bundestages und des Deutschen Bundesrates möglich.

Die Entstehung des deutschen GRUNDGESETZES

1948–1949

Das deutsche Grundgesetz war nicht als Verfassung von Dauer gedacht. Doch das Provisorium, das ein Kind des Kalten Krieges war, erweist sich als äußerst langlebig und spiegelt die Lehren aus der deutschen Geschichte in besonderer Weise.

Spätestens Ende 1947 war klar, dass es eine gemeinsame Entscheidung der vier alliierten Besatzungsmächte über den zukünftigen Status Nachkriegsdeutschlands nicht geben würde: Der Kalte Krieg hatte begonnen. Großbritannien, Frankreich und die Vereinigten Staaten von Amerika strebten die Gründung eines Staates aus ihren drei Besatzungszonen an. Die westdeutschen Ministerpräsidenten, die mit der Gründung dieses Staates maßgeblich beauftragt wurden, fürchteten, damit die deutsche Teilung in einen Weststaat und einen sowjetisch kontrollierten Oststaat zu zementieren. Sie setzten daher durch, dass statt der geplanten Verfassung nur ein „Grundgesetz" mit vorläufigem Charakter entstand und dass nicht eine frei gewählte Verfassungsgebende Versammlung, sondern ein „Parlamentarischer Rat" dieses Provisorium verabschiedete. Die Länderparlamente, nicht das Volk direkt, wählten dessen 65 Delegierte (darunter vier Frauen). Einen Entwurf des Grundgesetzes lieferte eine ebenfalls von den Ländern besetzte Expertengruppe, der Herrenchiemseer Verfassungskonvent, im August 1948.

Das durch den Parlamentarischen Rat seit dem 1. September 1948 erarbeitete und am 8. Mai 1949 verabschiedete Grundgesetz entstand unter dem Eindruck des Scheiterns der Weimarer Republik. So wurden der Schutz der Grundrechte, die Sicherung der Gewaltenteilung und die Stärkung des Rechtsstaats betont und der parlamentarischen Repräsentation eindeutig der Vorrang vor Volksabstimmungen eingeräumt.

Nach der Genehmigung des Grundgesetzes durch die Alliierten und seiner Verkündung trat es am 23. Mai 1949 in Kraft, für viele Historiker das eigentliche Gründungsdatum der Bundesrepublik Deutschland.

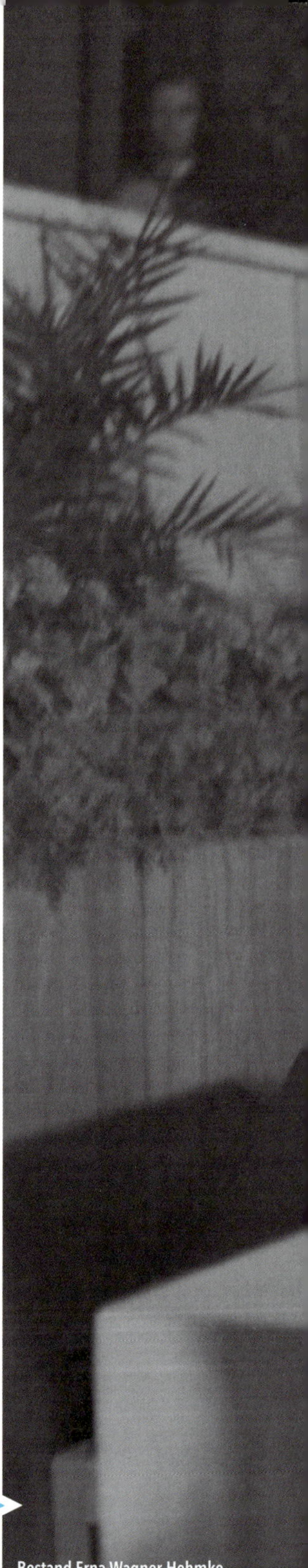

Demokratischer Neuanfang
Der Präsident des Parlamentarischen Rats, Konrad Adenauer, setzt als Erster seine Unterschrift unter das Grundgesetz. Verabschiedet wurde es bereits am 8. Mai 1949, dem Jahrestag der Kapitulation: 53 Abgeordnete stimmten mit Ja, zwölf mit Nein.

Bestand Erna Wagner-Hehmke. Haus der Geschichte, Bonn.

„Möge allezeit der Geist und der Wille, der aus diesen Sätzen spricht, im deutschen Volk lebendig sein."

KONRAD ADENAUER (1876–1967)
Präsident des Parlamentarischen Rates anlässlich der Verkündung des Grundgesetzes für die Bundesrepublik Deutschland in Bonn am 23. Mai 1949.

„Einem Menschen seine Menschenrechte verweigern bedeutet, ihn in seiner Menschlichkeit zu missachten."

NELSON MANDELA (1918–2013)
Bürgerrechtler und ehemaliger Präsident von Südafrika

MENSCHENRECHTE sind ...

Normen und Gesetze, die allen Menschen ermöglichen, in Würde, Freiheit, Gleichheit, Gerechtigkeit und Frieden zu leben.

SIEHE AUCH:

← **Nelson Mandela** S. 34–35
← **Eine Verfassung** S. 72–73
→ **Montgomery-Busboykott** S. 78–79
→ **Internationale Organisationen** S. 146–147

Menschenrechte sind die Grundlage für ein Leben in Würde und dafür, dass jeder so behandelt wird, wie es ihm kraft seines Menschseins zukommt. Ein Regime, das Bürgerrechte ablehnt, riskiert den Rückhalt in der Bevölkerung und sein Recht zu regieren.

EINE LANGE GESCHICHTE

König Kyrus II. von Persien schuf 539 v. Chr. Gesetze zum Schutz der Rechte seiner Untertanen, doch weder er noch der Rest der antiken Welt ließen sie für alle gelten. Gleichheit vor dem Gesetz schrieb 1215 erstmals die Magna Carta in England fest. 1689 definierte der englische Philosoph John Locke das Recht auf „Leben, Freiheit und Eigentum" als „natürliche Rechte" aller Menschen. In der amerikanischen Unabhängigkeitserklärung von 1776 schrieb Thomas Jefferson, dass „alle Menschen gleich erschaffen sind" und „unveräußerliche" Rechte haben, die niemandem genommen werden sollten. Die Französische Revolution (1789) erklärte, dass „Menschen von Geburt an frei und gleichberechtigt sind und bleiben [...] Diese Rechte beinhalten Freiheit, Eigentum, Sicherheit und Widerstand gegen Unterdrückung".

Nach dem Zweiten Weltkrieg verabschiedete die UNO 1948 die Allgemeine Erklärung der Menschenrechte. Sie enthält 30 Grundrechte, u. a. Redefreiheit, faire Gerichtsverfahren, Schutz vor Folter sowie ökonomische, soziale und kulturelle Rechte (genug Nahrung, angemessener Wohnraum, Bildung, Gesundheit, sauberes Wasser und Arbeit).

Wie wichtig staatliche Nichteinmischung im Gegensatz zum Recht auf Erfüllung bestimmter Bedürfnisse ist, war Gegenstand einer langen gesellschaftlichen Debatte.

BÜRGERRECHTE

Während Menschenrechte – zumindest theoretisch – fundamental sind und überall gelten, beziehen sich Bürgerrechte auf die Gesetze und Gepflogenheiten, die nur in einem bestimmten Land die Freiheit eines Einzelnen schützen. Weltweit fordern Bürgerrechtler gleiche Chancen und Rechtsschutz, unabhängig von Rasse, Religion, wirtschaftlichem Status und anderen Faktoren.

Die Bürgerrechtsbewegung in den USA beispielsweise strebte in der Nachkriegszeit von 1946 bis 1968 nach einer Garantie der politischen, sozialen und wirtschaftlichen Rechte für Afroamerikaner. Bürgerrechtsgesetze erklärten Rassismus und Diskriminierung für illegal. Das letzte wurde 1968 wenige Wochen nach der Ermordung von Martin Luther King Jr. erlassen.

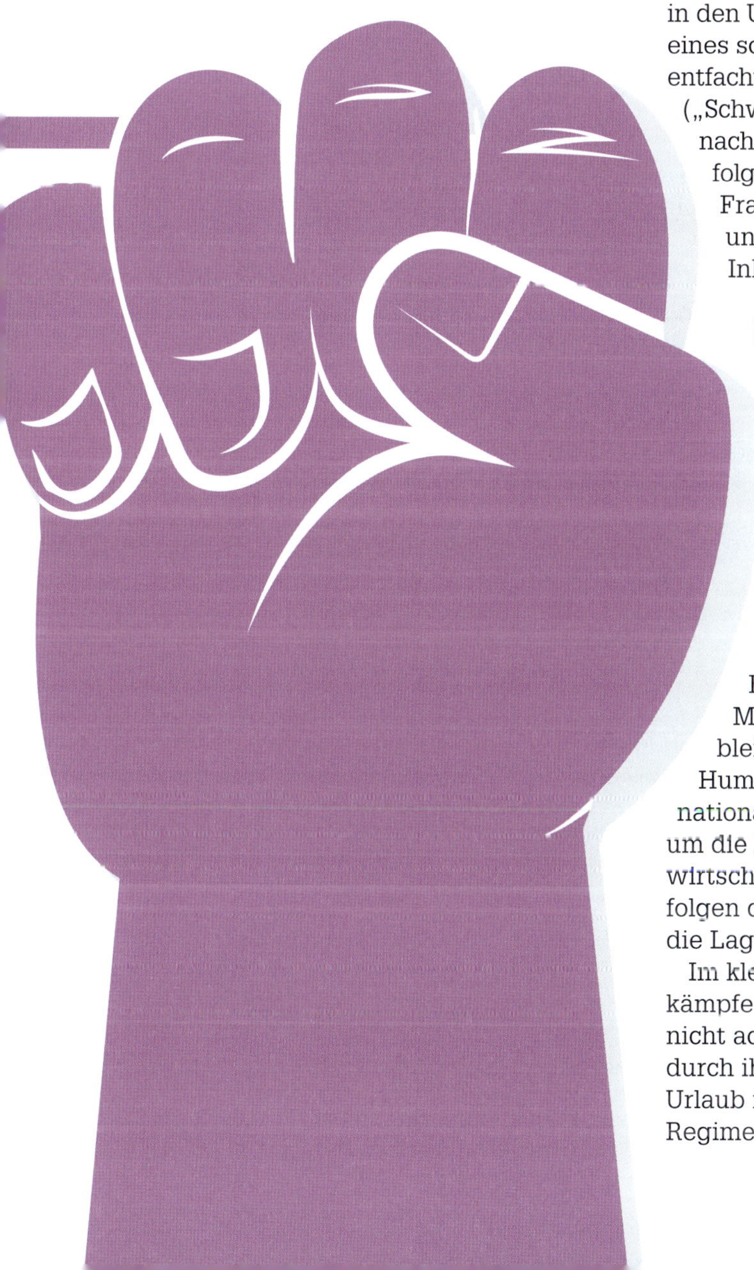

Doch in den vergangenen 50 Jahren ist der Fortschritt trotz der Wahl von Barack Obama zum ersten afroamerikanischen Präsidenten (2008) in den USA ins Stocken geraten. Die Ermordung eines schwarzen Teenagers in Florida 2012 entfachte die Bewegung Black Lives Matter („Schwarze Leben zählen“) mit der Forderung nach Gleichbehandlung bei der Strafverfolgung. Seit den 1960er-Jahren drängen Frauen, Behinderte, die LGBTQ-Community und andere Bewegungen weltweit auf Inklusion und gleiche Rechte.

ES GIBT NOCH VIEL ZU TUN

Die UNO entwirft laufend neue Gesetze und investiert große Summen in den Schutz und die Förderung von Menschen- und Bürgerrechten weltweit. 1979 etwa beflügelte die UN-Konvention zur Beseitigung jeder Form von Diskriminierung der Frau Frauenrechtsverbände in patriarchalischen Gesellschaften. Zwar unterstützen die meisten Länder die UNO im Kampf gegen sexuelle Ausbeutung und Missbrauch von Frauen und Kindern, doch bleibt viel zu tun.

Human Rights Watch oder Amnesty International üben Druck auf Regierungen aus, sich um die Menschenrechte zu kümmern. Auch wirtschaftliche und politische Sanktionen verfolgen dasselbe Ziel, allerdings mit dem Risiko, die Lage noch zu verschlimmern.

Im kleineren Rahmen kann der Sport Wettkämpfe in Ländern, die die Menschenrechte nicht achten, boykottieren. Verbraucher können durch ihre Entscheidung, wo sie einkaufen oder Urlaub machen, dafür sorgen, dass bestimmte Regime nicht finanziell unterstützt werden.

„Unsere Misshandlung war einfach nicht richtig, und ich hatte es satt."

ROSA PARKS (1913–2005)
US-amerikanische Bürgerrechtlerin

MONTGOMERY-BUSBOYKOTT

DEZEMBER 1955–DEZEMBER 1956

Mit der Weigerung, ihren Sitzplatz zu räumen, löste eine Frau in Montgomery (Alabama) den ersten Massenprotest gegen Rassentrennung in den USA aus und ebnete den Weg für die US-Bürgerrechtsbewegung.

Am 1. Dezember 1955 fuhr die 42-jährige Näherin Rosa Parks mit dem Bus von der Arbeit nach Hause. Schwarze und Weiße durften damals im öffentlichen Verkehr nicht beieinander sitzen. Als der Bus voller wurde, bat der Fahrer sie und drei weitere schwarze Fahrgäste, ihre mit einem „Coloured"-Schild markierten Plätze für Weiße freizumachen. Parks weigerte sich und wurde verhaftet.

Die Nachricht von Parks' Verhaftung verbreitete sich schnell unter den farbigen Einwohnern von Montgomery, und ihre Anführer, u. a. ein junger Pastor namens Martin Luther King Jr., beschlossen einen Busboykott. Am 5. Dezember 1955, dem Tag, als Parks vor Gericht stand, gingen ca. 40 000 Afroamerikaner – 75 Prozent der Stadtbusnutzer – zu Fuß, nahmen Taxis oder nutzten Mitfahrgelegenheiten. Der Boykott dauerte 381 Tage und erregte landesweite Aufmerksamkeit. Seine Auswirkung auf die lokale Wirtschaft war enorm. Am 20. Dezember 1956 erklärte das Oberste Gericht Rassentrennung im öffentlichen Nahverkehr für verfassungswidrig. Tags darauf endete der Boykott. Montgomery bewies allen die Wirksamkeit gewaltfreien Protests. Dieses Ereignis prägte die Bürgerrechtsbewegung und beflügelte die Aktivitäten unter ihrem künftigen Anführer Martin Luther King Jr.

Sieg der Bürgerrechte
Zum Ende des Busboykotts von Montgomery steigt Rosa Parks im Dezember 1956 in den Bus ein. Ihre Zivilcourage führte zum Ende der Rassentrennung in Bussen.

„Die Macht muss der Macht Grenzen setzen."

CHARLES DE SECONDAT, BARON DE MONTESQUIEU (1689–1755)
Französischer Philosoph

GEWALTENTEILUNG ist …

ein Herrschaftsmodell, das die staatliche Verantwortung auf drei Bereiche verteilt, sodass keiner von ihnen zu viel Macht auf sich vereinigen kann.

SIEHE AUCH:

← **Eine Verfassung** S. 72–73

← **Die Entstehung des deutschen Grundgesetzes** S. 74–75

→ **Eine politische Debatte** S. 82–83

In einer modernen Demokratie ist jede der drei Kernaufgaben eines Staates – Gesetzgebung, Umsetzung und Auslegung von Gesetzen – einem anderen Bereich zugeordnet.

DREI STAATSORGANE

Die Legislative, der Teil des Staates, der die Gesetze macht oder ändert, ist das Parlament oder eine entsprechende Versammlung (in Deutschland Bundestag und Bundesrat), deren Mitglieder üblicherweise von der Öffentlichkeit gewählt werden und die unterschiedlichen Gruppen, den politischen Parteien, angehören. Gemeinsam entwickeln und diskutieren sie Maßnahmen, die das Leben der Bürger verbessern und dafür sorgen sollen, dass die Gesellschaft funktioniert. Dazu können Gesetze nötig sein, über die dann im Parlament abgestimmt wird.

Ein Präsident, ein Premierminister oder – so in Deutschland oder Österreich – ein Kanzler bildet die Spitze der Exekutive. Das ist jener Teil des Staates, der die Maßnahmen und Gesetze umsetzt, die die Legislative beschlossen hat. Die Exekutive besteht aus einem „Kabinett" – ausgewählte Personen (Minister), die durch die Spitze der Exekutive ernannt werden – und wird oft als „Regierung" bezeichnet. Diese wird durch eine Bürokratie, den „öffentlichen Dienst", bei der Umsetzung von Maßnahmen und Gesetzen unterstützt, deren Vertreter nicht gewählt wurden.

Das Rechtssystem eines Landes bildet die Judikative, die für die Auslegung der gültigen Gesetze zuständig ist und für Gerichtsurteile sorgt. Sie umfasst Richter und andere Rechtsexperten, die dafür zuständig sind, Recht zu sprechen gegenüber jedermann, auch gegenüber den beiden anderen Staatsorganen. Die Idee der Gewaltenteilung wurde zum ersten Mal im alten Griechenland – dem Geburtsort der Demokratie – und in der Römischen Republik verwirklicht. Doch es war der französische Richter und Philosoph Montesquieu, der im 18. Jahrhundert das heute gültige Modell der dreigeteilten Staatsgewalt entwickelte.

Jedes Staatsorgan ist gegenüber den anderen beiden rechenschaftspflichtig und übt seinerseits eine Art von Kontrolle über sie aus. Das deutsche Bundesverfassungsgericht beispielsweise wacht darüber, dass die durch den Bundestag beschlossenen Gesetze dem Grundgesetz entsprechen, gewählt werden seine Mitglieder durch Bundestag und Bundesrat.

PRÄSIDENT ODER PARLAMENT

Am deutlichsten kommt die Gewaltenteilung in einer präsidialen Demokratie wie etwa den USA zum Ausdruck. In der Regel wird in einem solchen System der Präsident als Spitze der Exekutive vom Volk gewählt, ist unabhängig und gegenüber der Legislative nicht rechenschaftspflichtig.

In einem parlamentarischen System dagegen, wie in Deutschland, geht die Exekutive (Bundesregierung) aus der Legislative (Bundestag) hervor. Die politische Partei, welche die Mehrheit der Sitze im Parlament erhält, bildet die Regierung und wählt deren Spitze, einen Premierminister (oder Bundeskanzler), während das Staatsoberhaupt meist ein Präsident (in Deutschland der Bundespräsident) oder ein König (z. B. Königin Elisabeth II. in Großbritannien) mit repräsentativer Funktion ist, der die Einheit des Landes verkörpert. Manche Länder wie Frankreich besitzen einen Präsidenten und einen Premierminister, die sich die Führungsverantwortung teilen (semi-präsidiales System).

DIE RECHENSCHAFTSPFLICHT DER MÄCHTIGEN

Die Wähler bekunden mit ihrer Wahl ihre Zustimmung zu einer Partei oder einem Kandidaten bzw. deren Programm. Dieses Wahlprogramm, das nach einem Sieg umgesetzt werden soll, erklärt, wie die Regierung beispielsweise in Bildung investieren oder auf den Klimawandel reagieren will.

Das System der „checks and balances" (gegenseitige Kontrolle und der Ausgleich der Staatsorgane untereinander) erlaubt der Öffentlichkeit zu prüfen, ob die Regierung ihre Wahlversprechen einhält und im Sinne der Wähler agiert. Die Pflicht einer Regierung, ihr Handeln oder ihr Scheitern zu erklären, bildet den Kern einer vollständig funktionierenden Demokratie.

„Dialog ist die Essenz des Parlamentarismus."

SHARAD PAWAR (geb. 1940)
Prominenter indischer Politiker

Eine POLITISCHE DEBATTE ist …

der Prozess, bei dem Politiker und Politikerinnen in einer parlamentarischen Demokratie über die Staatsführung entscheiden.

SIEHE AUCH:

← **Demokratie** S. 32-33

← **Gewaltenteilung** S. 80-81

→ **Eine Wahl** S. 84-85

Die Debatte – eine formelle Diskussion eines Anliegens an einem öffentlichen Tagungsort – ist der Kern der parlamentarischen Demokratie. Das Wort „Parlament" stammt vom französischen Verb *parler* = sprechen. In einer Demokratie wählen Menschen Repräsentanten, die genau das tun. In der Debatte erfüllt ein Parlament – z. B. der Bundestag – seine Aufgabe als Volksvertretung, und kontrolliert die Regierungsarbeit, inklusive Steuerpolitik und Gesetzgebung.

POLITISCHE PARTEIEN

Im Mittelpunkt des demokratischen Debattengeschehens stehen die modernen Parteien, Vereinigungen von Menschen mit ähnlichen politischen Zielen. Sie können für eine Ideologie stehen (wie etwa Konser-

vatismus, Liberalismus oder Sozialismus) oder für eine spezielle Thematik (etwa den Umweltschutz). Politische Parteien gibt es in den meisten Ländern der Welt, sofern sie nicht von Diktaturen blockiert werden. Staaten können ein Ein-, Zwei- oder Mehrparteiensystem haben. In einem undemokratischen Einparteienstaat wie China oder Nordkorea gibt es keine Parteienauswahl und nur eine politische Marschrichtung.

REGIERUNGSPOLITIK GESTALTEN

Vor einer Wahl legt jede Partei ihren politischen Kurs fest – ihre Vorgehensweise in Bereichen wie Bildung, Kriminalitätsbekämpfung oder Wirtschaft – und macht Wahlversprechen. Die Partei (oder Koalition zwischen Parteien), die die Wahl gewinnt, einigt sich auf eine jährliche Agenda, was sie in die parlamentarische Debatte einbringen will. Als Leiter der Debatten wird ein Parlamentspräsident gewählt.

Die Wahlversprechen der Parteien und die Kritik, die sie gegenüber konkurrierenden Parteien äußern – sowohl im Wahlkampf wie auch im Parlament, in Presseinterviews und in sozialen Medien – sind allesamt Teil der breit angelegten politischen Debatte. Viele Menschen sind durch den Parteienstreit irritiert und misstrauen Politikern, die ihre Leistung übertreiben und andere beschimpfen. Einige bezweifeln, dass diese Debatte gesellschaftlich konstruktiv ist und gehen nie wählen. Jedoch agieren Parteien als kollektives Sprachrohr im Parlament und bilden ein wertvolles Bindeglied zwischen Staat und Gesellschaft. Interessensverbände wie Wohlfahrtsorganisationen und Gewerkschaften sowie Unternehmen und individuelle Lobbys versuchen Einfluss auf Parteien und Regierung zu nehmen, um ihre Anliegen durchzusetzen. Auch Aktivisten versuchen Druck auszuüben, indem sie online und auf der Straße für einen Wandel protestieren.

Wo immer politische Debatten stattfinden – auf Bundes- oder Länderebene, in den Medien oder auf der Straße – Redefreiheit ist wichtig, wenn die Menschen gehört werden sollen.

DIE REGIERUNG ZUR VERANTWORTUNG ZIEHEN

In einer Demokratie ist es die Aufgabe der Opposition (der Parteien, die nicht regieren), die Regierung zur Verantwortung zu ziehen. Dies erfolgt im Parlament, indem die Regierungsarbeit oder die Nichterfüllung von Wahlversprechen hinterfragt werden.

Tritt in einer parlamentarischen Demokratie eine Regierungskrise ein, kommt es eventuell zu einem „Misstrauensvotum", wie in der Bundesrepublik 1982, was auch Neuwahlen nach sich ziehen kann. Bei Machtmissbrauch kann ein „Amtsenthebungsverfahren" eingeleitet bzw. die Regierung zum Rücktritt aufgefordert werden.

„Das Heil der Demokratien […] hängt von einer geringfügigen technischen Einzelheit ab: vom Wahlrecht. Alles andere ist sekundär."

JOSÉ ORTEGA Y GASSET (1883–1955)
Spanischer Philosoph

Eine WAHL ist …

ein Verfahren, in dem das Volk darüber abstimmt, welche Person ein öffentliches Amt in einem Parlament oder einer Regierung übernimmt.

SIEHE AUCH:

← **Demokratie** S. 32–33

→ **Wahlen in Indien** S. 86–87

→ **Stimmrecht** S. 88–89

In einer repräsentativen Demokratie wählt das Volk Politiker, die es in einer Versammlung oder einem Parlament vertreten. In manchen Ländern wird ein Präsident direkt gewählt. Auch in Schulen oder Unternehmen finden Wahlen statt, um Mitbestimmung zu ermöglichen, doch die Wahl einer neuen Regierung betrifft alle.

Die Bürger wählen einen Kandidaten der Partei, mit der sie am meisten übereinstimmen. Parteien veröffentlichen Wahlprogramme mit Versprechen, die sie bei einem Sieg umsetzen möchten. Auch Persönlichkeit und Ansehen eines Kandidaten spielen eine Rolle.

DAS MEHRHEITSWAHLRECHT

Es gibt verschiedene Wahlsysteme und jedes führt zu anderen Ergebnissen. Beim Mehrheitswahlrecht gewinnt der Kandidat mit den meisten Stimmen in einem Wahlkreis. Man unterscheidet zwischen einem relativen (wer eine einfache Mehrheit hat, gewinnt) und einem absoluten (wer mehr als die Hälfte der Stimmen hat, gewinnt) Mehrheitswahlrecht. Etwa ein Drittel der Länder wendet es an, so Großbritannien, Kanada, die USA, Indien oder Frankreich. Es bevorzugt große Parteien mit langer Geschichte, die die Wähler gut kennen, benachteiligt aber kleinere, neuere mit spezifischen Anliegen wie etwa Umweltschutz. Auch Kandidaten aus Minderheiten erhalten oft keine Mehrheit, sodass ihre Interessen möglicherweise vernachlässigt werden.

LISTENWAHL

Viele Länder bevorzugen ein Wahlsystem der proportionalen Repräsentation (Verhältniswahlrecht). Das Parlament soll das Verhältnis der abgegebenen Stimmen widerspiegeln. Es zählt also die Zahl der Stimmen im ganzen Land und nicht nur in einem Wahlkreis. Über Listen werden Abgeordnete im

Verhältnis der für die Partei abgegebenen Stimmen entsandt. Das erhöht die Chancen kleiner Parteien und scheint fairer, führt aber oft zur Zersplitterung der Parlamente, sodass dann wenig Aussicht auf eine absolute Mehrheit für eine oder zwei Parteien besteht, was zu schwierigen Koalitionsbildungen und wackeligen Regierungen führt. Italien wählte bis 1993 nach dem Prinzip des reinen Verhältniswahlrechts und erlebte 66 Regierungen in den 75 Jahren seit 1945.

MISCHSYSTEME

Neben der politischen Instabilität ist ein weiterer Nachteil von Wahlen nach Parteilisten, dass die Wähler die Kandidaten nicht kennen. Deshalb kombinieren Länder die Listenwahl und die Wahlkreiswahl. Bei den Wahlen zum Deutschen Bundestag sind im personalisierten Verhältniswahlrecht zwei Stimmen zu vergeben. Mit der Erststimme wird nach dem Mehrheitswahlrecht ein Wahlkreiskandidat gewählt, die Zweitstimme geht an eine Parteiliste. Die Hälfte der Sitze wird durch die direkt gewählten Abgeordneten aus den Wahlkreisen besetzt, die andere Hälfte durch Listenkandidaten, sodass die Verteilung dem Stimmenverhältnis der Parteien entspricht. In Österreich besteht bei den Nationalratswahlen die Möglichkeit, zusätzlich zur Wahl einer Liste eine Vorzugsstimme für eine bestimmte Person zu vergeben. So können die Wähler die Reihenfolge auf den Parteilisten beeinflussen.

VOLKSABSTIMMUNGEN

In einer direkten Demokratie entscheidet das Volk über Sachfragen. Das geschieht oft in Form eines Referendums, wobei die Regierung die Entscheidungsgewalt der Öffentlichkeit übergibt. 2016 stimmten die Briten direkt für den Austritt aus der EU. In der Schweiz werden traditionell Referenden über die Annahme von Gesetzen abgehalten, allein zwischen 1996 und 2016 waren es 180. Eine große Bedeutung haben auch Volksinitiativen, mit denen über die Aufnahme neuer Bestimmungen in die Bundesverfassung abgestimmt wird, die aber eher selten Erfolg haben.

In Deutschland spielen Volksabstimmungen auf Bundesebene praktisch keine Rolle. Auf Länderebene sind Volksbegehren (das Volk bzw. einzelne Bürger regen die Schaffung z. B. eines Gesetzes an) und Volksentscheide (über eine Sachfrage wird verbindlich entschieden) möglich.

„Unter Demokratie verstehe ich, dass sie dem Schwächsten die gleichen Chancen einräumt wie dem Stärksten.“

MAHATMA GANDHI (1869–1948)
Bürgerrechtler und Anführer der indischen Unabhängigkeitsbewegung

WAHLEN IN INDIEN

APRIL–MAI 2019

Mit einer Bevölkerung von 1,3 Milliarden Menschen und ca. 900 Millionen Stimmberechtigten – volljährige Frauen und Männer – ist Indien die größte Demokratie der Welt.

Indien ist eine parlamentarische Demokratie. Wahlen sind ein Riesenunterfangen. In der 3,287 Millionen Quadratkilometer großen Bundesrepublik sind viele ländliche Gebiete sehr abgelegen. Dennoch gibt es für alle Wähler im Umkreis von zwei Kilometern ein Wahllokal. Die Wahlen dauern sechs Wochen. Abgestimmt wird an elektronischen Wahlmaschinen mit den Parteisymbolen der Kandidaten – jeder vierte Inder ist Analphabet und erkennt ein Parteilogo eher als einen Namen. Beamte transportieren die Automaten auf Yaks, Elefanten und Kamelen bis in den Himalaya, durch Wälder und Wüsten.

Die meisten Inder sind Hindus, doch gehören über 300 Millionen religiösen Minderheiten an, darunter 200 Millionen dem Islam. Mit zunehmendem Hindu-Nationalismus im 21. Jahrhundert waren die letzten Wahlen von Gewalt und Unterdrückung – vor allem von Moslems und Daliten als niederster Kaste – überschattet.

2014, bei den „Social-Media-Wahlen“, gaben die großen Parteien Millionenbeträge für personalisierte Online-Werbung aus. Der unregulierte Wahlkampf im Netz liegt weltweit im Trend und stellt den Verhaltenskodex, der freie und faire Wahlen garantieren soll, in Frage.

Warteschlange vor dem Wahllokal
Diese Frauen in Nordindien zeigen ihren Stimmzettel vor, um ihn bei den Wahlen 2019 in die Wahlurne zu werfen. Unter den 8000 Kandidaten um 543 Parlamentssitze lag der Frauenanteil bei nur 8,8 Prozent.

„Wählen ist das wertvollste Recht jedes Bürgers."

HILLARY RODHAM CLINTON (geb. 1947)

Ehemalige US-Außenministerin und Präsidentschaftskandidatin

STIMMRECHT ist ...

das Recht, an einer politischen Abstimmung teilzunehmen – idealerweise unabhängig von Rasse, Geschlecht, Reichtum und sozialer Stellung.

SIEHE AUCH:

← **Eine Wahl** S. 84–85

← **Wahlen in Indien** S. 86–87

→ **Mary Wollstonecraft** S. 90–91

Das Stimmrecht ist für die moderne Demokratie elementar, doch seine Geschichte reicht weit zurück und ist komplex. Im antiken Griechenland durften nur erwachsene Männer wählen: Frauen und Sklaven hatten keinen Bürgerstatus und keine Stimme. Sogar nach den von Freiheits- und Gleichheitsidealen getragenen Revolutionen des 18. Jahrhunderts in den USA und Frankreich konnten nur weiße Männer der besitzenden Klasse wählen.

Im 19. Jahrhundert kämpften Aktivisten für Arbeiterrechte und Suffragetten, die das Frauenstimmrecht forderten, für die Erweiterung des Wahlrechts. In den USA war dies verknüpft mit dem Kampf gegen die Sklaverei und für das Stimmrecht für Schwarze. In Großbritannien griffen Suffragetten zu Mitteln der Gewalt. 1893 war Neuseeland das erste Land, das Frauen das Stimmrecht gewährte. In Deutschland erhielten nach der Niederlage im Ersten Weltkrieg alle Frauen ab 20 Jahren wie die Männer das Wahlrecht (in Großbritannien nur ein Teil und erst ab 30, 1928 dann alle ab 21).

In den USA lief es ähnlich. Dort sind Frauen seit 1920 wahlberechtigt, 1971 wurde das Mindestalter auf 18 Jahre gesenkt. In Saudi-Arabien hingegen erhielten Frauen erst 2015 das Stimmrecht.

ALLGEMEINES WAHLRECHT

Der andauernde Kampf um das Wahlrecht jedes volljährigen Bürgers, unabhängig von Geschlecht, Herkunft oder Einkommen, hat sich als langwierig und hart erwiesen.

In vielen Ländern erhielten farbige Menschen erst Jahrzehnte nach weißen Frauen das Wahlrecht. In Australien durften die Aborigines erst 1962 in allen Bundesstaaten wählen. In den USA erklärte der Voting Rights Act von 1965 Lese- und Schreibtests für Wähler,

die meist Afroamerikaner diskriminierten, als illegal. 1994 hielt Südafrika nach jahrzehntelanger Apartheid (System der Rassentrennung) seine erste Wahl mit allgemeinem Wahlrecht ab.

WÄHLERUNTERDRÜCKUNG

Zwar wird das Wahlrecht weithin als grundlegendes Menschenrecht anerkannt, für Millionen Menschen in aller Welt ist es jedoch noch nicht vollständig durchgesetzt. Ausgeschlossen sind davon oft Nichtstaatsangehörige, Straffällige, Obdachlose, Arme und jene, die Repressalien fürchten, wenn sie wählen gehen. In patriarchalischen Gesellschaften wird Frauen vorgeschrieben, wen sie wählen müssen oder sie werden ganz daran gehindert. In Afghanistan braucht eine Frau nach streng islamischen Verhaltensregeln die Ausgangserlaubnis eines männlichen Vormunds, um zur Wahl zu gehen.

Um Entmündigung zu bekämpfen, unterstützen lokale und internationale Überwachungsgruppen Regierungen bei der Abhaltung von freien und fairen Wahlen und bei der Beobachtung des ganzen Prozesses – von politischer Bildung über Wahlkampagnen bis zur Organisation von Wahllokalen und der Auszählung der Stimmen.

TEILHABE FÖRDERN

Viele Menschen sind wahlberechtigt, gehen aber nicht wählen. Um mehr Menschen zu motivieren, haben etwa ein Dutzend Länder das Mindestwahlalter auf 16 Jahre gesenkt – u.a. Argentinien, Brasilien, Ecuador und Österreich. In Deutschland gilt dies in den meisten Bundesländern bislang nur für Kommunalwahlen. In einigen Staaten besteht eine Wahlpflicht. In Australien z. B. kann Nichtbeteiligung mit einem Bußgeld bestraft werden. Einige sprechen sich für eine zwingende Wahlbeteiligung nur für Erstwähler aus. Wenn Menschen einmal zur Wahl gehen, ist es wahrscheinlicher, dass sie ihr Leben lang wählen. Dies würde nicht nur die Teilhabe junger Menschen an der Demokratie erhöhen, sondern könnte auch sicherstellen, dass die politischen Parteien sich mehr um ihre Belange kümmern.

Mary Wollstonecraft

1759–1797

Die radikale Schriftstellerin und Philosophin Mary Wollstonecraft wurde in ihrer Zeit nicht „Feministin" genannt: Der Begriff kam erst knapp ein Jahrhundet später auf. Jedoch war sie eine der ersten Frauenrechtlerinnen und forderte gleiche Bildung für Mädchen und Jungen. Ihre fortschrittlichen Ideen legten den Grundstein für die Frauenrechtsbewegungen der folgenden Jahrhunderte.

„Stärken Sie den weiblichen Geist, indem Sie ihn erweitern, und der blinde Gehorsam wird ein Ende haben."

Autodidaktin

Die Kindheit der in London geborenen Mary Wollstonecraft war durch einen drangsalierenden, alkoholsüchtigen Vater überschattet. Wie viele Mädchen damals erhielt sie kaum eine Schulbildung. Autodidaktisch füllte sie Wissenslücken und eröffnete mit Anfang zwanzig eine kleine Schule. Als sie damit scheiterte, blieben ihr die wenigen Arbeitsmöglichkeiten einer Frau der Mittelschicht, etwa als Gesellschafterin und Gouvernante. Jetzt entwickelte sie ihre Gedanken zum Mangel an Freiheit und Bildung der Frauen. Sie begann, sich in Intellektuellenzirkeln zu bewegen und sich mit radikalen Denkern anzufreunden.

Frauenrechte

Im 18. Jahrhundert war es für Frauen undenkbar, selbst zu entscheiden oder beruflich Karriere zu machen. Wollstonecraft glaubte, dass Chancengleichheit die Frauen vom häuslichen Zwang befreien konnte. Berühmt wurde sie 1792 mit ihrem Buch *A Vindication of the Rights of Women* (*Verteidigung der Frauenrechte*), einem der frühesten feministischen Texte. Mädchen sollten nicht zu „verführerischen Geliebten" erzogen werden, sondern ihre „Begabungen entfalten" und aufgrund ihrer Fähigkeiten und ihres Rechts, selbst für ihr Auskommen zu sorgen, geachtet werden.

Aus dem Leben gerissen

Von den Idealen der Französischen Revolution beflügelt, zog sie noch im selben Jahr nach Paris, wo sie ihre uneheliche Tochter Fanny zur Welt brachte. 1797 ging sie mit dem Schriftsteller William Godwin eine Liebesehe ein, starb jedoch mit 38 wie so viele Frauen ihrer Zeit an Kindbettfieber. Ein Jahrhundert später von Frauenrechtlerinnen wiederentdeckt, wirkt ihre Arbeit bis heute nach.

Berühmte Tochter
Wollstonecrafts zweite Tochter, deren Geburt sie nicht überlebte, wurde als Mary Shelley berühmt, Autorin des Schauerromans *Frankenstein* (1818). Wie ihre Mutter war sich Shelley der Ungerechtigkeiten bewusst, denen Frauen ausgesetzt waren.

„Eine Hyäne im Unterrock"
So wurde Mary Wollstonecraft von Horace Walpole (1717–1797) in einer typisch männlichen Reaktion der damaligen Zeit bezeichnet. Das von John Opie gemalte Porträt (1791) galt als unkonventionell. Frauen blickten den Betrachter sonst nicht so direkt an.

„Ziel eines föderalen Systems muss es sein, Macht zu verteilen, nicht sie zu konzentrieren."

JOHANNES RAU (1931–2006)
1999–2004 Bundespräsident der Bundesrepublik Deutschland

FÖDERALISMUS ist ...

eine Form der Aufteilung von Macht zwischen Zentral- und Regionalregierung.

SIEHE AUCH:

← **Eine Verfassung** S. 72–73

← **Die Entstehung des deutschen Grundgesetzes** S. 74–75

In einem föderalen Regierungssystem teilen sich Regionen oder Gliedstaaten die Macht mit einer Zentralregierung. Bestimmte politische Zuständigkeiten verbleiben bei den Regionen, andere liegen bei der Zentrale.

Föderal organisiert sind oft große, aus mehreren Staaten oder Kolonien entstandene Länder wie die USA, Kanada, Brasilien oder Indien. Den ersten modernen Bundesstaat etablierten 1787 die Vereinigten Staaten. Ein ausgeprägt föderales System mit großer Tradition findet sich auch in der Schweiz. Sie ist ein freiwilliger Zusammenschluss kleinerer Einheiten, der Kantone.

FÖDERALISMUS IN DEUTSCHLAND

Während in den USA die Aufgaben der Bundesstaaten und der Zentralregierung in Washington streng getrennt sind, zeichnet sich der Föderalismus in Deutschland durch eine enge Kooperation aus. Auch in Österreich bildet die Ausgestaltung der Beziehungen zwischen Bundesstaat und Bundesländern den Kern des föderalen Systems. Während es in Deutschland 16 Bundesländer gibt, sind es in Österreich neun. Der Föderalismus ist im Grundgesetz verankert. Damit sollte nach den Erfahrungen der Nazi-Diktatur eine übermächtige Zentrale für die Zukunft verhindert werden. Die heutigen Bundesländer knüpfen an historische Territorien an und verweisen auf eine lange Geschichte föderaler Organisation, die bis ins Mittelalter zurückreicht. In Belgien oder Kanada dient das föderalistische Modell dazu, unterschiedliche und auseinanderstrebende (religiöse, sprachliche etc.) Gruppen unter einem Dach zusammenzuhalten.

WER BESTIMMT?

Die deutschen Länder sind durch den Bundesrat direkt an der Gesetzgebung und der Verwaltung des Bundes beteiligt und sprechen bei Angelegenheiten der EU mit. Auch bei der Wahl von Bundesorganen

(Bundespräsident, Mitglieder des Bundesverfassungsgerichtes) entsenden sie Vertreter. Besonders in der Bildungs- und Kulturpolitik sind sie federführend. Neben die Kooperation mit dem Bund tritt die Koordination zwischen den Ländern, etwa bei der Bildungspolitik durch die Kultusministerkonferenz. Zum Föderalismus in Deutschland gehört auch der Länderfinanzausgleich, mit dem finanzielle Mittel zwischen den Ländern und zwischen Bund und Ländern umverteilt werden.

In Deutschland, aber auch in den USA und anderswo, bildet die Ausgestaltung der Kooperation zwischen dem Zentrum und den Regionen den Schlüsselaspekt. Dasselbe gilt für einen Staatenbund, eine Gruppe von Staaten, die sich über Sachverhalte einigen, die alle betreffen. Nach dem Zweiten Weltkrieg war es die Ursprungsidee der heutigen EU, ökonomische und politische Interessen friedlich zu verhandeln und zu kooperieren. Inzwischen verfügt sie über Institutionen wie ein Parlament oder einen Gerichtshof, aber sie ist kein föderaler „Superstaat“.

EINHEITSSTAATEN

In einem Einheitsstaat liegt die politische Entscheidungsgewalt bei der Zentralregierung und Regionalverwaltungen stehen unter ihrer Kontrolle. Sie erlässt Gesetze, die für das gesamte Land gelten. Ein Beispiel ist Frankreich. Auch wenn es mit der Zeit eine gewisse Dezentralisierung gab, sind seine Regionen nicht mit den deutschen Bundesländern vergleichbar. Sie verfügen z. B. über keine gesetzgeberische Autonomie. Den Gebietseinheiten darunter, den Departements, steht mit dem Präfekten ein Vertreter des Zentralstaats vor.

LOKALE POLITIK

Wie auch immer die Macht zwischen einer Zentralregierung und Ländern oder Provinzen genau aufgeteilt ist, der Alltag wird vor allem auf der lokalen Ebene organisiert, durch Städte, Gemeinden, Landkreise. Dort werden Politiker gewählt, die sich um Müllabfuhr, Trinkwasserversorgung oder Rettungsdienste kümmern. Manches mag überregional koordiniert werden, wie die Verkehrsplanung. Dieser mehrstufige Aufbau der Politik gibt den Bürgern mehr Kontrolle bei Fragen, die sie direkt betreffen. Landkreise und Gemeinden bilden in Deutschland neben dem Bund und den Ländern die entscheidende dritte Ebene des politischen Systems.

„Sich in das Gewand der Legitimität zu kleiden, ist das vorrangige Ziel jedes Putsches."

BARBARA W. TUCHMAN (1912–1989)
US-amerikanische Historikerin und Reporterin

Ein PUTSCH ist ...

der gewaltsame Sturz einer Regierung durch eine kleine Gruppe von Leuten, die politische oder militärische Autorität besitzen.

SIEHE AUCH:

← **Die Französische Revolution** S. 18–19

← **Demokratie** S. 32–33

→ **Revolution** S. 120–121

Ein Putsch oder Staatsstreich (frz. „coup d'État") meint den illegalen und oft gewaltsamen Sturz einer Regierung durch eine gegnerische politische oder militärische Gruppe.

MACHTERGREIFUNG

Ein Staatsstreich ist ein verfassungswidriger Akt und bricht die vereinbarten Regeln, wie ein Land regiert wird. Hauptcharakteristik eines Staatsstreichs ist, dass die Macht von oben ergriffen wird – von Leuten, die schon Macht besitzen – und dass der Regierungswechsel ohne den demokratischen Willen des Volkes vonstatten geht. Oft erfolgt der Wechsel gewaltsam oder unter Androhung von physischer Gewalt und kann dazu führen, dass das Militär oder ein Diktator die bestehende Regierung ersetzt. Eine Revolution hingegen geht von einem Massenaufstand des Volkes aus, das den Staat grundlegend ändern will.

MILITÄRISCHE ÜBERNAHME

Dies war nicht der Fall bei der Putschwelle in Süd- und Mittelamerika während des Kalten Krieges ab den 1950er-Jahren, als westliche Mächte die weltweite Ausbreitung des Kommunismus fürchteten.

1976 zum Beispiel verübte das argentinische Militär einen Putsch gegen die Regierung von Isabel Péron. Die „Junta" (spanisch für eine militärische Gruppe, die die Macht ergreift) unterband jegliche politische Aktivität. Unter der darauffolgenden rechtsgerichteten Diktatur wurden Tausende Argentinier im Stillen aus dem Weg geräumt oder ermordet, bis 1983 die Demokratie wiederhergestellt wurde.

Auch viele postkoloniale Regierungen afrikanischer Länder wurden durch Putsche gestürzt, einige mehrmals. Über 80 waren in den 48 Staaten südlich der Sahara seit Erlangung ihrer Unabhängigkeit erfolgreich. Erst 2017 entmachtete Simbabwes Militär Robert Mugabe. Zwar soll es explizit keine militärische Übernahme gegeben haben, aber es war eindeutig ein Staatsstreich.

NOTSTANDSVERFASSUNG

Sind Staat und Menschenleben in Gefahr, kann eine demokratische Regierung den Notstand erklären und ohne Verfassung regieren. In Kriegszeiten, bei Naturkatastrophen oder einer Bedrohung der Demokratie, etwa bei Terroranschlägen, kann die Verfassung suspendiert und durch temporäre Befugnisse ersetzt werden. In den USA kann der Präsident einen „nationalen Notstand“ ausrufen und dann viele der gesetzlichen Beschränkungen seiner Autorität überschreiten und z. B. die Grenzen schließen. Diese Befugnisse aber gelten nur ein Jahr und müssen gegenüber dem US-Kongress innerhalb von sechs Monaten begründet werden.

MACHTMISSBRAUCH

Bei einem Putsch können das Militär oder eine andere Gruppe solche Notstandsbefugnisse missbrauchen. Das Aufheben der Verfassung und das Agieren jenseits des Gesetzes erlaubt Putschführern, willkürlich zu handeln. Zensur, Inhaftierungen ohne Gerichtsprozess und Reiseverbote – all das und mehr kann unter dem Vorwand des „Schutzes der Bevölkerung“ oder zur „Wiederherstellung von Stabilität“ erfolgen, um in Wirklichkeit die Opposition zu unterdrücken.

Selbst mit gesetzlicher Absicherung ist die Suspendierung der Verfassung ein Risiko. Statt die Bürger zu schützen, kann sie zu ihrer Entrechtung führen. Vor dem Hintergrund der Notverordungspolitik Anfang der 1930er-Jahre, die Hitler zur Macht verhalf, traf Deutschland erst 1968 Maßnahmen für Krisenzeiten und verabschiedete die Notstandsgesetze als Ergänzung zum Grundgesetz.

Macht des Volkes

REDEFREIHEIT ist …

Die MEDIEN sind …

AKTIVISMUS ist …

Che Guevara

UMWELTSCHUTZ ist …

Klimastreik

FEMINISMUS ist …

WAHLRECHT FÜR FRAUEN in Deutschland

MULTIKULTURALISMUS ist …

TERRORISMUS ist …

REVOLUTION ist …

Arabischer Frühling

MITMACHEN, aber wie?

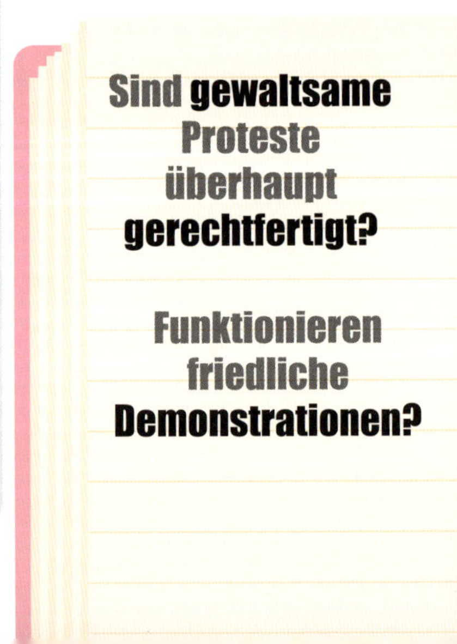

Jeden Tag müssen wir uns entscheiden: Sollen wir uns bei einem Thema, das uns sehr bewegt, engagieren – oder sollen wir einfach nichts tun?

Wenn wir das Wort ergreifen, retten wir zwar nicht gleich die Welt, aber etwas bewegen wir doch. Die Macht des Volkes wirkt! Ob wir unser lokales Geschäft auffordern wollen, Plastik zu reduzieren, oder die Regierung, ein Gesetz auf den Weg zu bringen, wir können unserer Stimme auf vielen Wegen Gehör verschaffen. Wir können uns einer Interessengruppe, einem Protestmarsch oder einer Partei anschließen, eine Petition unterzeichnen, einen Hashtag posten, eine Organisation wegen unethischer Praktiken boykottieren oder wählen gehen. All das ist Politik. Mit zunehmendem, länderübergreifendem Online-Aktivismus können wir nicht nur lokal, sondern global etwas bewegen.

„Ohne Gedankenfreiheit gibt es keine Weisheit. Und ohne Redefreiheit keine öffentliche Freiheit."

BENJAMIN FRANKLIN (1706–1790)
Erfinder und einer der Gründerväter der Vereinigten Staaten von Amerika

REDEFREIHEIT ist ...

das Recht auf freie Meinungsäußerung ohne Einschränkung, Repressalien oder Zensur durch die Regierung.

SIEHE AUCH:

Demokratie S. 32–33

Hitlers Aufstieg zur Macht S. 62–63

Menschenrechte S. 76–77

Die Medien S. 102–103

Redefreiheit ist ein Ideal, das bis ins antike Griechenland zurückreicht, wo athenische Bürger (507–322 v. Chr.) eine offene politische Debatte führen konnten. Die Redefreiheit war auch eine Hauptforderung der Französischen Revolution von 1789.

1948 verabschiedeten die Vereinten Nationen (UN) eine Allgemeine Erklärung der Menschenrechte, wonach jeder „das Recht auf freie Meinungsäußerung" hat. Die meisten demokratischen Staaten waren sich einig, dass – wie von den UN gefordert – Redefreiheit für jedes Medium gilt. Heute bietet das Internet mit über 4,5 Milliarden Nutzern eine breite Plattform für Meinungsäußerungen, und es wird diskutiert, ab wann bei kontroversen Aussagen eine Grenze überschritten ist.

DAS PRINZIP DES SCHADENS

John Stuart Mill, ein britischer Philosoph des 19. Jahrhunderts, schrieb über das „Prinzip des Schadens", wonach Meinungsfreiheit eine Illusion ist, wenn sie schädliche Folgen für andere hat. Ein vielzitiertes Beispiel in der modernen Welt hierfür ist das „Trolling", ein Slangwort für Provokationen in Online-Medien. Ein Troll will Einzelne oder Gruppen im Netz aufwiegeln – es gibt Rüpel, die sich in Anonymität flüchten. Ihre „Hatespeech" schafft ein feindseliges Klima, das ihre Opfer einschüchtert oder verstummen lässt.

PROVOKATION ERZEUGEN

Am 7. Januar 2015 überfielen zwei bewaffnete islamische Extremisten die Pariser Redaktionsräume von *Charlie Hebdo*, einem französischen Satiremagazin zu gesellschaftspolitischen Themen. Zwölf Mitarbeiter und Mitarbeiterinnen wurden in einem Racheakt ermordet, nachdem das Magazin Cartoons mit dem Propheten

Mohammed, der nach dem allgemeinen Islamverständnis nicht bildlich dargestellt werden darf, publiziert hatte. Der Anschlag wurde aufgrund seiner Brutalität weltweit verurteilt, löste aber eine Debatte aus um die Frage, ob bestimmte Arten von Meinungsäußerung gesetzlich eingeschränkt werden sollten, weil sie für einige Menschen provokant oder beleidigend sind.

ZENSUR

Zensur ist der Vorgang der Kontrolle und Regulierung des Rechts auf freie Meinungsäußerung einer Person. Sie kann als Freiheitsbeschneidung betrachtet werden, einige aber erachten sie als notwendig, um die Menschenrechte einer größeren Gemeinschaft zu schützen. Ein Beispiel hierfür könnte die Zensur von Verschlusssachen sein, die im Interesse der öffentlichen Sicherheit geheimgehalten werden. Eine weitere Art von Zensur wurde nach dem Terroranschlag auf zwei Moscheen in Christchurch (Neuseeland, 2019) angeregt. Das rassistische, fremdenfeindliche Manifest des mutmaßlichen Täters wurde zum Zeitpunkt der Anschläge ins Netz gestellt, was von der neuseeländischen Zensurbehörde für unzulässig erklärt wurde, d. h. Besitz oder Verbreitung sind gesetzeswidrig. Unter bestimmten Umständen geht staatliche Zensur noch viel weiter. In Ländern wie China werden Online-Inhalte von der Regierung streng reguliert, um obrigkeitsgefährdende Informationen zu sperren. In Nordkorea gibt es weder freie Medien noch dürfen Menschen Kritik an ihrem Führer Kim Jong-un äußern.

KONTROVERSE

Verfechter der Redefreiheit wenden ein, dass ein Mitspracherecht für eine gesunde Debatte essenziell sei. Demnach kann Zensur kontraproduktiv sein, weil sie dazu führt, dass Menschen ihre Meinung hinterhältig oder gewaltsam ausdrücken. In den USA wird ein Hatespeech-Verbot unter Berufung auf den ersten Verfassungszusatz von 1791 abgelehnt. In Deutschland jedoch, wo die Nazis in den 1930er-Jahren durch Hassrhetorik an die Macht kamen, sind Haftstrafen möglich. Das Konzept der Redefreiheit wird ständig hinterfragt, debattiert und aktualisiert.

> **„Wenn wir keine freie Presse mehr haben, kann alles passieren."**
> HANNAH ARENDT (1906–1975)
> Deutsch-amerikanische politische Theoretikerin

Die MEDIEN sind ...

verschiedene Formen der Massenkommunikation, die die Menschen auf dem Laufenden halten und die Mächtigen zur Rechenschaft ziehen.

SIEHE AUCH:

Demokratie
S. 32–33

Hitlers Aufstieg zur Macht
S. 62–63

Populismus
S. 64–65

Redefreiheit
S. 100–101

Die Medien spielen für den Politikbetrieb eine maßgebliche Rolle. In einer Demokratie informieren sie über die Fakten zu einem breiten Spektrum an Themen und dienen als Sprachrohr für alle. Politiker können so leichter zur Rechenschaft gezogen werden.

POLITISCHER EINFLUSS

Im 20. Jahrhundert erweiterten sich die Medien von Zeitungen auf Radio, Kino und Fernsehen. Presse, Funk und Fernsehen wurden zu „Massenmedien", die eine zunehmende Rolle in der Politik spielten, weil sie Millionen erreichten.

Wo es Pressefreiheit gibt, sind die Medien völlig frei in der Berichterstattung, auch im Falle regierungskritischer Meinungen. Unbeschränkte Medien können Regierungen infragestellen, ihre Politik und Beschlüsse prüfen und Korruption oder unmoralisches Verhalten aufdecken. Investigativer Journalismus kann Fakten ermitteln, die sie zu vertuschen suchen, wie die Gräueltaten des US-Militärs im Vietnamkrieg (1955–1975), die vom Journalisten Seymour Hersh 1969 aufgeklärt wurden. In Deutschland sorgte 1962 die Spiegel-Affäre für Aufsehen, als das Nachrichtenmagazin Interna aus dem Verteidigungsministerium veröffentlichte. Letztlich wurde damit die Pressefreiheit gestärkt.

Die Medien werden seit jeher zur Manipulation der öffentlichen Meinung genutzt. Wenn sie nicht frei sind, können sie ein mächtiges Propaganda- und Kontrollinstrument werden. 1933 setzte das Nazi-Regime Radio, Presse und die Deutsche Wochenschau in den

Kinos ein, um Ängste vor einem kommunistischen Putsch zu schüren und nutzte diese dann zur Umsetzung politischer Maßnahmen, die bürgerliche Freiheiten und Demokratie beseitigten.

NEUE MEDIEN

Früher brauchte der Nachrichtenfluss Stunden und Tage, heute verbreitet das Internet Informationen sofort und verändert damit radikal die Art, wie sich Menschen mit Politik befassen. Viele informieren sich heute zum Zeitgeschehen online. Während dies über digitalisierte klassische Medien erfolgen kann, sind auch Social-Media-Plattformen wie Facebook und Twitter im Aufwind. Politiker in aller Welt haben viel Geld in sie investiert, um eine möglichst große Wählerschaft zu gewinnen.

Social-Media-Verfechter behaupten, dass das Nachrichtenteilen auf diesen Plattformen zu einem verstärkten Dialog zwischen Politik und Wählerschaft geführt hat. Allerdings geht der Internet-Boom auch mit Bedenken einher, dass Online-Informationen – lösgelöst von journalistischer Berufsethik – sensationsgieriger und einseitiger werden. Zudem können Internetforen vorurteilsverstärkend wirken und Kommunikationskanäle destablisieren.

FAKE NEWS

Was deregulierte Online-Nachrichten betrifft, bereitet vor allem die Zunahme von „Fake News“ Sorge. Gemeint sind gefälschte Fakten und Fehlinformationen, die sich über Social-Media-Plattformen schnell verbreiten und geglaubt werden. Wenn diese das Kollektivbewusstsein unterwandert haben, lässt sich kaum noch mit widerlegenden Fakten dagegen ankommen.

2019 wählte Brasilien mit Jair Bolsonaro einen rechtsextremen Präsidenten, der WhatsApp für eine Rufmord-Kampagne gegen den linken Kandidaten genutzt hatte. Auch Russland und China sollen so gegen ausländische Demokratien arbeiten.

Inmitten der Informationsflut wird der Ruf nach Selbstregulierung der Internet-Unternehmen lauter. Verlässlichkeit ist wichtiger denn je. Gleichzeitig wird in immer mehr Schulen Medienkompetenz unterrichtet, die helfen soll, richtig und falsch zu unterscheiden und tendenziöse Berichterstattung zu erkennen.

„Unser Leben endet an dem Tag, an dem wir über Dinge schweigen, die wichtig sind."

MARTIN LUTHER KING JR. (1929–1968)
US-amerikanischer Pastor und Bürgerrechtler

AKTIVISMUS ist …

unmittelbares Handeln für ein akutes Anliegen, um gesellschaftlichen oder politischen Wandel zu bewirken.

SIEHE AUCH:

← **Menschenrechte** S. 76–77

← **Redefreiheit** S. 100–101

→ **Klimastreik** S. 110–111

Geschichte haben jene gemacht, die Stellung bezogen und für den Wandel gekämpft haben. Einige der größten Veränderungen in der Gesellschaft erfolgten durch Aktivismus – leidenschaftliche Kampagnen von Einzelnen oder Gruppen für eine Sache.

DRÄNGENDE THEMEN

Man kann sich einsetzen für lokale, nationale oder internationale Anliegen. Ein Beispiel für ein lokales Thema wäre die Schließung eines Krankenhauses, was die Lebensqualität einer Kommune betrifft. Zu lokalem Aktivismus können Briefe an Politiker, Tür-zu-Tür-Kampagnen, die Teilnahme an öffentlichen Versammlungen oder das Verteilen von Handzetteln gehören. Auf nationaler Ebene können Menschen aktiv werden bei Themen wie Steuern, Korruption oder der Beteiligung an einem Krieg. Sie schließen sich Demonstrationen an, streiken oder unterzeichnen Petitionen. Zu den globalen Themen von heute gehören Gendergerechtigkeit, Rassismus und Klimawandel. Demonstrationen finden manchmal weltweit am selben Tag statt.

AKTIVISTENGRUPPEN

Viele Aktivisten schließen sich einem Interessenverband oder einer Lobby an, sprich Organisationen, die Kampagnen führen und Regierungen bei der Verabschiedung von Gesetzen zu beeinflussen versuchen. Beim WWF oder Amnesty International kooperieren Ehrenamtliche und bezahlte Mitarbeiter, um die Ziele dieser Organisationen gemeinsam zu erreichen.

VERSAMMLUNGSFREIHEIT

Seit Jahrhunderten gehen Menschen in Zeiten allgemeiner Unzufriedenheit auf die Straße und fordern Veränderungen. 1983 demonstrierten Millionen von Anhängern der Campaign for Nuclear Disarmament (CND) während des Wettrüstens gegen die Stationierung von US-Atomraketen in Westeuropa. Aus der deutschen Friedensbewegung entstand eine neue Partei, *Die Grünen*. 2018 trat die Umweltschutzbewegung Extinction Rebellion (XR) für gewaltfreien zivilen Ungehorsam ein, um Regierungen zu einer Reaktion auf die Klimakrise zu bewegen. In London blockierten Protestler den Verkehr, andere befestigen sich an einen Zug.

GEWALTSAME KONFLIKTE

In den meisten Demokratien gilt Versammlungsfreiheit, d. h. das Recht, mit anderen zusammenzukommen und zu protestieren, als elementares Menschenrecht. Jedoch wird dieses Recht von vielen Regierungen begrenzt, vor allem in autoritären Staaten, wenn sich die Machthaber bedroht fühlen. So können Demonstrationen aus Angst vor Gewalt auch abgebrochen werden, ein hartes Vorgehen kann die Lage hingegen eskalieren lassen. 2019 zum Beispiel kam es bei den Protesten in Hong Kong gegen die Peking-nahe Staatsführung zu Ausschreitungen.

ONLINE-AKTIVISMUS

Heute können sich Aktivisten über soziale Medien sehr schnell in großer Zahl versammeln. Beim „Hashtag-Aktivismus" äußern Menschen über Twitter-Hashtags (#) ihre Meinung, unterzeichnen Online-Petitionen, schreiben politische Blogs, versuchen via E-Mail auf Regierungen einzuwirken und starten Social-Media-Kampagnen – und im Nu gelangen Themen über all diese Kanäle in das öffentliche Bewusstsein. Bei den Fridays-for-Future-Aktionen im September 2019 schwänzten viele Schülerinnen und Schüler die Schule. Über Postings gewannen sie dann eine immer größere Anhängerschaft.

Che Guevara

1928–1967

Der marxistische Revolutionär Ernesto „Che" Guevara war ein argentinischer Arzt, der sich in den 1950er-Jahren dem Sozialismus verschrieb. Als Mitglied der Rebellenarmee des legendären Revolutionsführers Fidel Castro nahm Guevara am Guerrillakampf teil, der zum Sturz der damaligen Diktatur führte. In Castros Regierung wurde er nicht nur in Kuba zur Galionsfigur, sondern eine weltberühmte Ikone der internationalen Linken.

„Die Revolution ist kein Apfel, der vom Baum fällt, wenn er reif ist; man muss machen, dass er fällt."

SENSIBILISIERUNG

In eine Mittelstandsfamilie im argentinischen Rosário geboren, studierte Che Guevara in Buenos Aires Medizin. Bei einer Motorradtour durch Süd- und Mittelamerika erfüllte ihn die weitverbreitete Armut und Ungleichheit mit Zorn. In Guatemala sah er, wie ein US-gestützter Militärputsch die Hoffnung auf bitter nötige Agarreformen zerstörte. So gelangte er zur Überzeugung, dass Gerechtigkeit nur mit Gewalt zu erreichen sein würde. Die Begegnung mit dem kubanischen Revolutionsführer Fidel Castro und dessen Bruder Raúl in Mexiko-Stadt im Jahr 1954 sollte seinem Leben eine Wendung geben. Denselben Idealen folgend, planten sie den Sturz des Diktators Fulgencio Batista. Ihre erste Attacke unternahmen sie mit einer kleinen Guerilla-Truppe, die von Mexiko aus per Boot anlandete.

Che, der Rebell

Im darauffolgenden Guerrillakrieg in der Sierra Maestra entwickelte sich „Che" zu einem skrupellosen Kämpfer und geschickten Strategen. 1959 übernahmen die Rebellen die Kontrolle und machten aus Kuba einen sozialistischen Staat mit Castro als Präsident. Che, der verschiedene Regierungsposten innehatte, soll eine dunkle Seite gehabt haben: Er beaufsichtigte angeblich die Hinrichtungen Hunderter politischer Gegner.

Gewaltsames Ende

1965 brach Che, ernüchtert von der zunehmenden Anlehnung Kubas an die Sowjetunion, zu neuen Revolutionen auf. In Bolivien wurde er im Kampf gefangen genommen und am 9. Oktober 1967 erschossen. Die vermeintlichen Überreste Ches und der Guerrilleros wurden 1997 nach Kuba überführt und mit einer großen Gedenkstätte in Santa Clara geehrt.

Che und Castro
Als loyaler Gehilfe von Fidel Castro (rechts) war Che ein Held der siegreichen kubanischen Revolution von 1959. Eine Zeit lang war er eine wichtige Schlüsselfigur in Castros Regime, Mitte der 1960er-Jahre aber verließ er Kuba, um in anderen Kriegen zu kämpfen.

Reklameheld
Diese Aufnahme Che Guevaras von 1960 mit dem Titel „Heldenhafter Guerillero" ist eine Foto-Ikone und nach wie vor ein starkes Symbol der Revolution. Auf Poster und Massenartikel wie T-Shirts gedruckt, ist das Bild millionenfach verkauft worden.

„Wir haben keinen Plan B, weil es keinen Planeten B gibt."

BAN KI-MOON (geb. 1944)
Ehemaliger UN-Generalsekretär

UMWELTSCHUTZ ist ...

eine politische, gesellschaftliche und ethische Bewegung, die die Umwelt vor von Menschen verursachten Schäden bewahren will.

SIEHE AUCH:

← **Aktivismus** S. 104–105

→ **Klimastreik** S. 110–111

→ **Internationale Organisationen** S. 146–147

Angesichts einer bald acht Milliarden zählenden Weltbevölkerung besteht heute Konsens darüber, dass menschliche Aktivitäten klimaverändernd sind. Als eines der wichtigen Lebenserhaltungssysteme bestimmt das Klima, ob Menschen sowie Pflanzen- und Tierarten auf dem Planeten existieren können. Dies und andere damit verbundene Umweltthemen wie Verschmutzung, Plastikmüll und die Bedrohung der Artenvielfalt haben den Umweltschutz auf der Politagenda ganz oben platziert.

WENDEPUNKT

Die heutige Umweltbewegung geht zurück auf das 1962 erschienene Sachbuch *Der stumme Frühling* von der US-amerikanischen Biologin Rachel Carson. Darin enthüllte Carson die schädlichen Auswirkungen des Pestizids DDT auf die Artenvielfalt. Das Buch stellt einen Wendepunkt dar, weil es einen Zusammenhang herstellt zwischen Umweltverschmutzung und öffentlicher Gesundheit und ein Bewusstsein für die Umwelt schafft. Carson zeigte auf, dass Mensch und Natur Teil eines einzigen Ökosystems sind (ein Netzwerk lebender Organismen). Sie machte unmissverständlich klar, dass die Menschen ökologisch denken müssten.

GRÜNE POLITIK

In den 1970er-Jahren dachten einige Umweltschützer, dass umweltrelevante Anliegen nur innerhalb eines politisch-ökonomischen Rahmens angegangen werden konnten. Die erste „grüne" Partei, die United Tasmania Group (UTG), entstand 1972 aus Protesten gegen den Bau von Staudämmen in Australien. Mit dem Einzug der *Grünen* in den Bundestag 1983 rückte Umweltpolitik in Deutschland stärker ins Rampenlicht. In anderen Ländern entstanden grüne Parteien für den Arten- und Umweltschutz und vereinigten sich in einem internationalen Netzwerk politischer Parteien und Bewegungen. Im politischen Spektrum gelten sie weitgehend als linksgerichtet. Gewaltlosigkeit, soziale Gerechtigkeit und Basisdemokratie zählen zu ihren Grundpfeilern. Jedoch fehlt es den grünen Parteien nach wie vor an Kraft, tiefgreifende Veränderungen durchzusetzen.

PLANETARE PROBLEMATIK

Das bedenkliche Tempo des Klimawandels, einhergehend mit Umweltzerstörung wie z. B. durch Entwaldung und Luftverschmutzung hat grüne Politik in den Vordergrund gerückt. Experten warnen, dass es ohne wirksame Maßnahmen zum Schutz des Planeten mehr Naturkatastrophen wie Überschwemmungen, Dürren, Tropenstürme und Flächenbrände geben wird.

2015 wurde die Bedrohung durch den Klimawandel so akut, dass auf der UN-Klimakonferenz in Paris eine Einigung erzielt werden konnte, die CO_2-Emissionen zu reduzieren. Die Verhandlungen verliefen angespannt, da Schwellenländer wie Indien forderten, dass Industrienationen als Ausgleich für ihre Emissionen in der Vergangenheit Entwicklungsländern Geldmittel und neue Technologien zur Verfügung stellen sollten. Gleichwohl verabschiedeten die meisten der seinerzeit 197 Staaten in Paris das erste gesetzlich verbindliche Klimaabkommen der Welt. Seither werfen viele Umweltschützer den Weltführern vor, zu langsam zu sein, um die vereinbarten Ziele zu erreichen.

AUFRUF ZUM HANDELN

Jenseits von Parteipolitik bezieht sich Umweltaktivismus auf das Zusammenkommen verschiedener Gruppen und Organisationen, die zur Bewältigung von Umweltproblemen interdisziplinär zusammenarbeiten. Lobbys und Interessenverbande wie Friends of the Earth (gegr. 1969) und Greenpeace (1971) setzen sich für neue Gesetze ein und sorgen dafür, dass Umweltthemen in den Schlagzeilen bleiben.

Junge Aktivisten rufen Staatenlenker auf, mehr für die Umwelt zu tun, und finden weltweit Beachtung. Inspiriert von der Teenagerin Greta Thunberg aus Schweden sind Jugendliche umweltpolitisch aktiv geworden. Einzelne wollen nicht länger auf die Regierungen warten. Sie verwenden weniger Einweg-Plastik, reduzieren Müll und reisen verantwortungsbewusst, um sicherzustellen, dass auch die nächste Generation und der Planet eine Zukunft haben.

„Der Wandel kommt, ob ihr es wollt oder nicht."

GRETA THUNBERG (geb. 2003)
Schwedische Umweltaktivistin

KLIMASTREIK

seit AUGUST 2018

Als die 15-jährige Greta Thunberg, statt in die Schule zu gehen, vor dem schwedischen Parlament saß, um für den Klimawandel zu streiken, ging ihr Einzelprotest viral. Dies schärfte das Bewusstsein und war die Initialzündung für eine globale Jugendbewegung.

Greta Thunberg war entsetzt über die allgemeine Untätigkeit in Sachen Klimawandel. Als sie an einem Freitag im August 2018 ihren ersten *Skolstrejk för klimatet* („Schulstreik für das Klima") abhielt, wollte sie damit Druck auf die schwedische Regierung ausüben, um die Verpflichtungen aus dem Pariser Abkommen zu erfüllen. Das war ein Aktionsplan, der 2015 von 197 Ländern verabschiedet wurde und die Erderwärmung im Vergleich zum vorindustriellen Niveau auf deutlich unter 2 °C begrenzen sollte. Alles, was darüber liegt, gilt mittlerweile als Katastrophe.

Inspiriert von Thunbergs Überzeugung und positiver Aktion, schwänzten Jugendliche weltweit die Schule, starteten ihre eigenen Streiks und posteten mit den Hashtags #Fridaysforfuture und #Climatestrike Fotos in den sozialen Medien. Im September 2019 nahmen ca. sechs Millionen Protestierende in 150 Ländern am Auftakt des ersten Globalen Klimastreiks teil, dem viele weitere folgten.

Thunberg und andere, die sich am Klimastreik beteiligen, sind der Auffassung, dass es – auch wenn Bildung wichtig sei – keinen Zweck habe, in die Schule zu gehen, wenn unser Planet keine Zukunft hat. Es sind die Erwachsenen, vor allem die Staatenlenker, die das erkennen und handeln müssen.

Globale Sorge
Junge Aktivistinnen und Aktivisten in Kiew (Ukraine) fordern im Rahmen des Globalen Klimastreiks im September 2019 konkrete Maßnahmen gegen die Erderwärmung.

„Ein Feminist ist jemand, der die Gleichheit und volle Menschlichkeit von Frauen und Männern anerkennt."

GLORIA STEINEM (geb. 1934)
US-amerikanische Aktivistin der zweiten Welle der Frauenbewegung

FEMINISMUS ist ...

die Überzeugung, dass Männer und Frauen gleiche Rechte und Chancen haben sollten, und das Eintreten für Frauenrechte.

SIEHE AUCH:

Menschenrechte S. 76-77

Stimmrecht S. 88-89

Aktivismus S. 104-105

Feminismus ist eine gesellschaftspolitische Bewegung, die hinterfragt, wie Frauen und Mädchen behandelt werden, eben weil sie Frauen sind. Bis ins 19. Jahrhundert gab es für sie keine Schulbildung, kein Wahlrecht und ihr Vermögen gehörte meist den Vätern oder Ehemännern. Oft spricht man von „Wellen" der Frauenbewegung. In der ersten (19. und frühes 20. Jahrhundert) kämpften Suffragetten für das Recht auf Besitz und das Stimmrecht. 1893 führte Neuseeland als erster Staat das Frauenstimmrecht ein.

NICHT NUR DAS WAHLRECHT

Die zweite Welle, die in den 1970er- und 1980er-Jahren ihren Höhepunkt erreichte, drängte auf weitere Reformen wie Lohngerechtigkeit und ein liberalisiertes Scheidungsrecht. Sie sollte Frauen auch mehr Recht an ihrem Körper geben, sich für den Zugang zur Pille stark machen und vor häuslicher Gewalt schützen. Die zweite Welle schärfte das Bewusstsein, dass die Gesellschaft historisch betrachtet patriarchalisch organisiert war, d. h. dass Männer die Macht hatten, sei es in der Familie, der Regierung, der Arbeitswelt, im Bildungswesen oder in der Religion, und dass sexistische Machtpolitik viele Aspekte des Frauenlebens beeinflusst. In Deutschland wurde Alice Schwarzer mit ihrer Zeitschrift *Emma* eine führende Figur der Emanzipationsbewegung.

1979 verabschiedete die UNO ein internationales Abkommen zur Beseitigung jeder Form der Diskriminierung von Frauen – in der Praxis allerdings hat es sich als schwer durchsetzbar erwiesen. Zwar gab es bei der Gleichberechtigung teilweise deutliche Fortschritte, aber vor allem in weniger entwickelten Ländern kämpfen Frauen immer noch für ihre Grundrechte.

ERWEITERTER WIRKUNGSKREIS

Zu Beginn der 1990er-Jahre kam es im Zuge der dritten Welle zu einer Hinterfragung und Neudefinition von Genderklischees, Weiblichkeit und Sexualität. Das Blickfeld sollte auf Frauen mit unterschiedlichstem kulturellen Hintergrund erweitert werden und sie ermutigen, ihre eigene Vorstellung von Feminismus zu definieren. Im Vordergrund stand der Gedanke, dass alle Frauen durchsetzungsfähig sind und ihr Schicksal in der Hand haben – das meint der Begriff „Frauenpower" aus den 1990er-Jahren.

MODERNER FEMINISMUS

Zu einer vierten Welle kam es in den frühen 2010er-Jahren. Sie schärfte das Bewusstsein für sexuellen Missbrauch und Bodyshaming (Diskriminierung aufgrund des äußeren Erscheinungsbildes) und ist geprägt durch Hashtag-Aktivismus, also die Nutzung von Twitter-Hashtags (#) für Aktivismus im Netz. Dank des Everyday Sexism Project, einem Internetforum, das 2012 von Laura Bates gegründet wurde, konnten Tausende Frauen ihre Erfahrungen posten. Über eine Flut von Blogs und viralen Videos wurden Feministinnen weltweit mobilisiert.

2017 zeigten über 80 Frauen den US-Filmproduzenten Harvey Weinstein wegen sexuellen Missbrauchs an. Daraufhin regte die US-Schauspielerin Alyssa Milano auch von Missbrauch betroffene Frauen an, unter „#MeToo" zu twittern, und verlieh so einer von Tarana Burke 2006 initiierten Bewegung neuen Schwung. Innerhalb von 24 Stunden twitterte eine halbe Million Frauen aus aller Welt, was das Ausmaß der Problematik verdeutlichte. 2018 stellte Frankreich das Hinterherpfeifen unter Strafe und das EU-Parlament befasste sich in einer Sondersitzung mit sexueller Belästigung.

WAHLRECHT FÜR FRAUEN in Deutschland

1865–1918

Das Wahlrecht für Frauen in Deutschland wurde 1918 erreicht. Doch war es nicht einfach der Novemberrevolution zu verdanken, sondern das Ergebnis eines jahrzehntelangen Kampfes zahlreicher Aktivistinnen für die Gleichberechtigung von Frauen in Bildung, Beruf und Politik.

Im Oktober 1865 gründete sich in Leipzig der Allgemeine deutsche Frauenverein (ADF) unter dem Vorsitz der Lehrerin Auguste Schmidt und der Schriftstellerin Louise Otto-Peters. Im Gefolge entstanden zahlreiche Frauenvereine in ganz Deutschland, die sich für die Verbesserung der Situation von Frauen in Bildung und Beruf einsetzten. Auch die Forderung nach politischer Gleichberechtigung bekam immer mehr Gewicht, etwa durch den 1902 entstandenen Deutschen Verein für Frauenwahlrecht (gegründet durch Anita Augspurg und Lida Gustava Heymann). Nachdem seit 1908 Frauen im Deutschen Reich die Mitgliedschaft in einer politischen Partei möglich war, stritten sie auch dort für ihre Anliegen. Allein die SPD hatte das Wahlrecht für Frauen schon lange unterstützt. Der erste Internationale Frauentag im Deutschen Reich, Österreich-Habsburg und der Schweiz 1911 auf Initiative Clara Zetkins (SPD, später KPD) verlieh dieser Forderung zusätzlichen Nachdruck.

Der Erste Weltkrieg beendete den Kampf um das Frauenwahlrecht vorerst. Viele waren der Ansicht, durch staatsbürgerlich verantwortliches Handeln könnten sich die Frauen nun ihr Recht auf politische Teilhabe sichern. Als jedoch 1917 klar wurde, dass eine in Aussicht gestellte Wahlrechtsreform nicht das Frauenwahlrecht beinhalten würde, kam es in den folgenden Monaten zu einem breiten Bündnis von Aktivistinnen mit großen Demonstrationen und Kundgebungen insbesondere im Herbst 1918.

Nach der Einführung eines neuen Wahlrechts im November 1918 durften Frauen bei den Wahlen zur verfassungsgebenden Weimarer Nationalversammlung im Januar 1919 erstmals abstimmen (aktives Wahlrecht) und selbst kandidieren (passives Wahlrecht). Fast 90 Prozent der wahlberechtigten Frauen machten von ihrem neuen Recht Gebrauch, und im Ergebnis waren immerhin fast zehn Prozent der Abgeordneten weiblich – ein eindrucksvoller Abschluss eines langen Wegs.

Auch in vielen anderen europäischen Ländern, so in Österreich, brachten die Umbrüche nach dem Ersten Weltkrieg den Frauen die formale politische Gleichberechtigung. In der Schweiz allerdings sollte es noch bis 1971 dauern, ehe Frauen das aktive und passive Wahlrecht zugestanden wurde.

Wahlkampf 1919
Frauen mit umgehängten Plakaten, Männer verteilen Flugblätter an Passanten.

„Was diese Regierung getan hat, das war eine Selbstverständlichkeit: Sie hat den Frauen gegeben, was ihnen bis dahin zu Unrecht vorenthalten worden ist."

MARIE JUCHACZ (1879–1956)
Abgeordnete der SPD, als erste Rednerin überhaupt in der Weimarer Nationalversammlung zur Gewährung des Wahlrechts an die Frauen, 19. Februar 1919.

„Die multikulturelle Gesellschaft ist eine Illusion von Intellektuellen."

HELMUT SCHMIDT (1918–2015)
Ehemaliger deutscher Bundeskanzler und stellvertretender Bundesvorsitzender der SPD

MULTIKULTURALISMUS ist …

eine Politik, die sich für verschiedene Identitäten und Kulturen in einer Gesellschaft einsetzt.

SIEHE AUCH:

← **Menschenrechte** S. 76–77

→ **Nationalismus** S. 132–133

→ **Globalisierung** S. 142–143

Die Einwohner der meisten modernen Staaten kommen aus vielen verschiedenen Kulturen und haben einen unterschiedlichen Hintergrund. Indem Menschen über Jahrhunderte auf der Suche nach besseren wirtschaftlichen Möglichkeiten oder auf der Flucht vor Krieg, Naturkatastrophen und Ausbeutung migriert sind, entstanden stärker durchmischte Gesellschaften. Multikulturalismus ist eine Politik, die sich der Herausforderung stellt, eine stabile Gesellschaft aufzubauen, die viele verschiedene Identitäten einschließt.

VERSCHMELZUNG

Meist wurden Migranten ermutigt, sich in die vorherrschende Kultur ihres Aufnahmelandes zu integrieren. In den 1800er-Jahren wanderten Millionen Europäer auf der Suche nach einem besseren Leben in die USA aus. Man erwartete, dass sie sich assimilieren bzw. Teil des großen „Schmelztiegels" der amerikanischen Kultur würden, um eine einheitliche Nation zu bilden. Die Assimilationspolitik wurde mit dem liberalen Ideal der Gleichbehandlung aller ohne Privilegierung bestimmter Gruppen begründet. Kritiker halten dagegen, dass sie dazu diente, Minderheiten zu unterdrücken.

DIE „SALATSCHÜSSEL"

In jüngerer Zeit ist die Idee aufgekommen, dass eine Nation aufblüht, wenn Minderheiten ihre Traditionen, Sprache und Kultur bewahren können. Kanada, das seit Jahrhunderten Frankophone und Anglophone integriert und Einwanderer aus aller Welt angezogen hat, war eine der ersten Nationen, die kulturelle Unterschiede bereitwillig akzeptierte. In einer Rede vor dem kanadischen Parlament (1971) sagte Premierminister Pierre Elliott Trudeau: „Eine Gesellschaft, die Uniformität betont, gebiert am Ende Intoleranz und Hass.“ Seit den 1970er-Jahren haben andere liberaldemokratische westliche Staaten eine Politik umgesetzt, die sich der Idee der kulturellen „Salatschüssel“ verschreibt – mit unterschiedlichen Zutaten, die ein Ganzes bilden. Heute haben viele Regierungen eine Gesetzgebung eingeführt, die diese Herangehensweise unterstützt, u. a. durch Gesetze gegen Diskriminierung, und sie fördern Toleranz in Schulen und Feste kultureller Minderheiten.

HERAUSFORDERUNGEN

In den 2010er-Jahren zwangen Unruhen in Afrika und im Nahen Osten, u. a. der Bürgerkrieg in Syrien, Millionen von Menschen zu fliehen. Viele strömten in die reicheren Länder Europas. Angesichts der „Flüchtlingskrise“ mussten ihre Regierungen die Idee des Multikulturalismus überdenken. 2010 erklärte die deutsche Bundeskanzlerin Angela Merkel „Multikulti“ für gescheitert, weil Minderheiten vom Mainstream abgespalten würden und Unverständis und Misstrauen untereinander wachse.

Andere wandten ein, Multikulturalismus könne ein Hemmnis für die Menschenrechte sein. Flüchtlinge haben zum Teil konservativere Ansichten zu Frauenrechten und Homosexualität. Mehrere europäische Länder haben das Kopftuchtragen muslimischer Frauen als Symbol der Unterdrückung der Frau eingeschränkt.

Die Wahrnehmung zunehmender Einwanderung führte bei einigen Leuten zu der Ansicht, dass die traditionellen Identitäten von Gastländern verwässert werden und dass Einwanderer den knappen öffentlichen Haushalten zur „Last“ fallen, wie etwa im Gesundheitswesen und bei Sozialleistungen. Dadurch gewannen nationalistische Parteien an Zulauf.

KULTURAUSTAUSCH

Länder, die den Multikulturalismus fördern, wie etwa der Stadt- und Inselstaat Singapur mit einer sehr durchmischten Bevölkerung und vielen zweisprachigen Einwohnern, wissen es zu schätzen, dass ihre Ökonomien von zugewandertem Know-how und ausländischem Kapital profitieren. Unternehmen begrüßen Multikulturalismus: Aus einer bunten Belegschaft in Kombination mit moderner Technologie können sich Geschäfte über Grenzen hinweg entwickeln. Zudem entsteht ein reicher interkultureller Austausch über Lebensführung und Traditionen, und die Toleranz zwischen unterschiedlichen Gruppen wird gefördert.

„Terrorismus ist zu einer systematischen Waffe des Krieges geworden, die keine Grenzen kennt und nur selten ein Gesicht hat."

JACQUES CHIRAC (1932–2019)
Ehemaliger französischer Staatspräsident

TERRORISMUS ist …

die ungesetzliche Anwendung von Gewalt oder die Androhung von Anschlägen mit Toten und Verletzten, um ein politisches Ziel zu erreichen.

SIEHE AUCH:

← **Nelson Mandela** S. 34–35

← **Anarchismus** S. 36–37

→ **Der Irakkrieg** S. 140–141

Die Terroranschläge vom 11. September 2001 in den USA lösten weltweit einen Schock aus. Mitglieder der radikalislamischen Organisation El Kaida steuerten Flugzeuge in die Türme des New Yorker World Trade Center und ins Pentagon. Mit über 3000 Todesopfern handelte es sich um das tödlichste Attentat aller Zeiten.

ANGST VERBREITEN

Unter Terrorismus versteht man jede Art von Gewaltandrohung oder -aktion mit dem Ziel, eine Regierung zu beeinflussen oder die Bevölkerung einzuschüchtern, um politischen Wandel zu erreichen. Das Wort „Terror" leitet sich ab vom lateinischen *terrere* (= „erschrecken"). Terrorismus will Bürger verunsichern, damit sie Angst davor haben, ein normales Leben zu führen. Terroristen können dazu Bomben, Schusswaffen, Chemiewaffen und (Flugzeug-)Entführungen einsetzen. Dabei können sie bloß innerhalb ihres Landes oder international agieren.

Einigen Regierungen wurde auch „Staatsterrorismus" vorgeworfen, weil sie entweder Gewalt gegen die eigenen Bürger ausüben oder Militäroperationen im Ausland durchführen, die entgegen normalen Kriegsregeln zivile Todesopfer oder Verletzte fordern. Ein Beispiel ist der Lockerbie-Anschlag in Schottland 1988, den Libyen auf ein Pan-Am-Flugzeug verübte. Insgesamt starben dabei 270 Menschen.

Gewalt als politische Angststrategie gibt es seit Jahrhunderten, doch der Terrorismus heute wirkt sich global aus, weil er durch moderne Medien mehr Aufmerksamkeit erfährt.

EIN MITTEL ZUM ZWECK

Terroristen und ihre Anhänger glauben, dass der Einsatz von Gewalt gerechtfertigt ist, solange er politischen Zwecken dient, und vor allem wenn sie meinen, ihre Ziele anders nicht erreichen zu können.

Nationalistische Gruppen wie die antikoloniale Mau-Mau-Bewegung in Kenia, die sich im Unabhängigkeitskrieg der 1950er-Jahre gegen die Briten auflehnte, gingen mit terroristischen Methoden vor. Ethnische Gruppen, die sich von einem Staat lösen wollen, können Terrorismus Vorschub leisten. 1959 begann die Baskische Separatistengruppe ETA ihren 60 Jahre langen Kampf für die baskische Autonomie.

Die sozialrevolutionäre FARC-Guerilla in Kolumbien wiederum stürzte nach 50 Jahren bewaffnetem Kampf die Regierung und verhalf einer „marxistischen“ Führung zur Macht.

In Deutschland verübten Mitglieder der RAF (Rote Armee Fraktion) seit den 1970er-Jahren mehr als 30 Morde.

Was von einer Warte aus als legitimer Widerstand betrachtet wird, kann aus anderer Sicht Terrorismus sein. Mitglieder des Afrikanischen Nationalkongresses (ANC), die in Südafrikas Kampf gegen die Apartheid (1948–1994) Guerrilla-Methoden anwendeten, waren aus Sicht der Regierung Terroristen. Für ihre Anhänger waren sie Freiheitskämpfer und ihr Anführer Nelson Mandela war ein Volksheld.

RADIKALISIERUNG

Terroristische Gruppen finden ihren Nährboden dort, wo einseitige politische, soziale und religiöse Auffassungen vertreten werden. Im Verlauf einer Radikalisierung können Mitglieder rekrutiert werden und Einzelne zur Übernahme extremistischer Ansichten und zu Gewaltaktionen verleitet werden. Die fundamentalistische Terrorgruppe Islamischer Staat (IS) hat im Internet durch geschickte Propaganda und über soziale Medien Mitglieder gezielt angeworben, darunter viele junge Moslems, die sich von der Gesellschaft abgehängt fühlten.

NEUE BEDROHUNG

Im 21. Jahrhundert ist auch der Terrorismus im Wandel. In den letzten Jahren wurde der „einsame Wolf“ weltweit zur größten Gefahr – ein Einzelgänger ohne Gruppenanbindung, der sich von den Sicherheitsbehörden nur schwer aufspüren lässt. In den USA sind einsame Rechtsextremisten zu einer großen Gefahr geworden: Dazu gehört auch der Todesschütze in einem Einkaufszentrum im texanischen El Paso, der im August 2019 22 Menschen tötete. Vor dem Massaker hatte er ein rassistisches Online-Manifest gegen Latinos und andere Ethnien gepostet.

Cyberterrorismus – die politisch motivierte Nutzung von Computern und Internet zur Störung des öffentlichen Lebens – ist ebenfalls eine ernstzunehmende Gefahr. Staaten fürchten, dass Cyberterroristen ihre Streitkräfte und das Stromnetz lahmlegen oder sogar Atomreaktoren sprengen könnten.

Gegenmaßnahmen stützen sich auf hochmoderne internationale Datenbanken, um Terrorismus im Keim zu ersticken. Diese erlauben aber auch ein schärferes Vorgehen gegen Regimekritiker.

„Macht gesteht nichts ohne Forderung zu. Dem war noch nie so und wird auch nie so sein."

FREDERICK DOUGLASS (1818–1895)
Afroamerikanischer Schriftsteller und Sozialreformer

REVOLUTION ist ...

eine Volksbewegung, die eine bestehende Ordnung umstürzen will, manchmal auch mit Gewalt.

SIEHE AUCH:

← **Die Französische Revolution** S. 18–19

← **Die Iranische Revolution** S. 22–23

← **Karl Marx** S. 44–45

→ **Arabischer Frühling** S. 122–123

Das Wort „Revolution" bezieht sich meist auf einen gewaltsamen Umsturz, um ein neues Regierungssystem zu errichten oder die Herrschaft eines anderen Landes abzuschütteln. Seit Jahrhunderten erfolgt der tiefgreifendste Wandel einer gesellschaftspolitischen Ordnung durch Revolutionen.

GRUNDLEGENDER WANDEL

Widerstand wie auch Rebellion beruhen auf der Ablehnung einer politischen Autorität, eine Revolution aber bewirkt einen radikalen Machtwechsel, dem eine Umgestaltung der ganzen Gesellschaft folgt.

Während die revolutionären Mittel sich gleichen können, kann das gewünschte Ergebnis sehr unterschiedlich sein. Eine der frühesten Revolutionen der Neuzeit war die Amerikanische Revolution (1775–1783), die zur Unabhängigkeitserklärung der USA führte. Deren Ideen von Freiheit und politischer Autonomie beflügelten die Französische Revolution (1789–1799), die mit dem Aufstand des einfachen Volkes gegen die Aristokratie begann.

Im 20. Jahrhundert sorgte die Russische Revolution (1917–1923) für Schockwellen auf der ganzen Welt. Dem Ideal des Marxismus folgend, strebte sie eine gerechtere, klassenlose Gesellschaft an. Die Revolution beendete die Zarenmonarchie. Mit der Sowjetunion entstand ein kommunistischer Staat, der von Lenin bis zu seinem Tod 1924 geführt wurde.

Die Herrschaft der Kommunistischen Partei Chinas (KPC) etablierte sich nach zwei Revolutionen. Im Oktober 1911 erhob sich eine Gruppe von Revolutionären gegen die Qing-Dynastie, an deren Stelle eine Republik trat. Dies war der erste Schritt in einem Umbruchsprozess, der 1949 durch den kommunistischen Führer Mao Zedong mit der Proklamation der Volksrepublik China in Peking abgeschlossen wurde.

1979 führte eine Revolution zum Sturz der Monarchie im Iran und zur Schaffung einer islamischen Republik.

SANFTE REVOLUTION

Wer den Status quo infragestellt, um politischen Wandel herbeizuführen, riskiert Repressionen von Seiten der Herrschenden. Weil Menschen unter Umständen bereit sind, ihr Leben zu opfern, um sich aus Unterdrückung zu befreien, selbst ohne die Garantie, dass das neue Regime besser sein wird, denkt man bei Revolutionen leicht an Blutvergießen und Gewalt.

Das muss aber nicht immer so sein. In einigen Ländern hat man versucht, einen gewaltsamen Regimewechsel herbeizuführen und dann, als die Zeit reif war, erfolgreich gewaltlose Strategien angewandt. 1989, als die Sowjetunion ihre Zügel im Ostblock lockerte, kam es in der Tschechoslowakei zur „Samtenen Revolution". Dieser friedliche Volksaufstand umfasste Demonstrationen und einen Generalstreik und führte zum Ende des kommunistischen Regimes. Nach Jahrzehnten wurde erstmals ein Staatspräsident demokratisch gewählt: der Ex-Dramaturg und Dissident Václav Havel. Auch der Wende in der DDR 1989/90 war eine „friedliche Revolution" vorausgegangen.

ANFÜHRERLOSE REVOLUTION

2011 kam es zum „Arabischen Frühling", Aufständen in mehreren Ländern, von Nahost bis Nordafrika. Die Proteste, die über soziale Medien frei organisiert wurden, führten in Ägypten und Tunesien zum Regimewechsel. Jedoch gab es über die Ziele der Revolutionen keinen klaren Konsens. In einigen Ländern schuf dieser Zustand der Unsicherheit ein politisches Vakuum, das durch erneute Tyrannei gefüllt wurde. Andere wiederum versanken in Chaos und Bürgerkrieg. Nicht alle Revolutionen sind erfolgreich, doch sie bedeuten alle einen historischen Wendepunkt.

ARABISCHER FRÜHLING

Frühjahr 2011

2011 fegte eine Welle von Aufständen mit dem Ruf nach politischer Freiheit durch die arabische Welt. Der Armut, Korruption und Unterdrückung überdrüssig, beteiligten sich Tausende an Protesten, die von den sozialen Medien angefacht wurden.

Mit einem einzigen Mann in Tunesien begann der Arabische Frühling: Als die Polizei im Dezember 2010 seinen Gemüsestand beschlagnahmte, tötete sich Mohamed Bouazizi durch Selbstverbrennung und löste damit einen Feuersturm aus, der Nordafrika und den Nahen Osten erfasste.

Die Rebellion nahm unerwartete Ausmaße an. Langjährige Staatschefs wurden entmachtet und in Tunesien, Ägypten, Libyen und im Jemen Regierungen gestürzt. Schnell verbreiteten sich die Nachrichten von den dramatischen Ereignissen und via Facebook und andere soziale Medien organisierten Protesten wie etwa auf dem Tahrir-Platz in Kairo (Ägypten).

Die Aufstände wurden brutal niedergeschlagen, doch fand in einigen Staaten ein politischer Wechsel statt. In Ägypten kam es nach Neuwahlen zu einem Militärputsch. Libyen ist bis heute ein gesetzloses, von Milizen kontrolliertes Land. Die jemenitischen Sicherheitskräfte zwangen den Präsidenten gewaltsam zum Rücktritt. Das syrische Assad-Regime hielt stand, und die Unruhen eskalierten zu einem Bürgerkrieg.

Der Arabische Frühling weckte Hoffnungen auf einen schnellen demokratischen Wandel. Doch stabile politische Strukturen zu schaffen, erwies sich als langwierig und heikel.

Revolutionäre Rebellion in Ägypten
Dezember 2011: Ein Protestler schwenkt bei den hitzigen Auseinandersetzungen zwischen Militär und Demonstranten auf dem Tahrir-Platz in Kairo die ägyptische Nationalflagge.

„Das arabische Erwachen hat die geopolitische Landschaft verändert.“

BAN KI-MOON (geb. 1944)
Ehemaliger UN-Generalsekretär

Internationale Beziehungen

IMPERIALISMUS ist ...

Mahatma Gandhi

NATIONALISMUS ist ...

Katalanischer Separatismus

GEOPOLITIK ist ...

KRIEG ist ...

Der Irakkrieg

GLOBALISIERUNG ist ...

Rohingya-Migration

INTERNATIONALE ORGANISATIONEN sind ...

Ist Politik GRENZÜBERSCHREITEND?

In der Politik geht es nicht nur ums eigene Land, sondern auch um globale Themen. Die Entscheidungen unserer Regierungen werden von weltweiten Ereignissen beeinflusst.

Klimawandel, Migration, Armut, Krankheit und Handelsabkommen sind Beispiele globaler Herausforderungen, die sich nur bewältigen lassen, wenn Länder gemeinsam Lösungen finden. Zudem ist unser Leben verstärkt durch die Globalisierung geprägt – das Wachstum von Weltkonzernen und die technologische Innovation lässt Kulturen, Ökonomien und Politik in bislang ungekanntem Maße Grenzen überschreiten.

In der internationalen Politik geht es oft um zwischenstaatliche Konfliktlösung. Es gab immer Streit um Territorien, Ressourcen, religiöse oder politische Überzeugungen, mitunter kam es zum Krieg. Die UNO und andere Weltorganisationen arbeiten daran, Frieden, Kooperation und Lebensqualität unabhängig von Nationalität, Rasse oder Religion zu fördern.

„Veni, vidi, vici." („Ich kam, sah und siegte.")

JULIUS CAESAR (100–144 V. CHR.)

Römischer Diktator, Staatsmann und Feldherr

IMPERIALISMUS ist …

eine Politik, die eine Ausweitung der Herrschaft auf fremde Gebiete und Völker – oft durch Militärgewalt – zum Ziel hat.

SIEHE AUCH:

← **Kapitalismus** S. 52–53

→ **Mahatma Gandhi** S. 130–131

→ **Nationalismus** S. 132–133

Imperialismus ist vom lateinischen *imperium* (= „höchste Gewalt") abgeleitet. Imperien gab es zwar schon in der Antike, Imperialismus aber wurde in den 1870er-Jahren als politischer Begriff für die Kolonialpolitik Großbritanniens geprägt. Nach internationalem Recht sind imperialistische Praktiken heute verboten.

IMPERIEN UND KOLONIEN

Imperialismus und Kolonialismus sind miteinander verwandt, aber verschiedene Dinge. Imperialismus besteht im Erobern fremder Gebiete, um die eigene Vorherrschaft auszubauen und ein Imperium zu schaffen. Kolonialismus hingegen heißt Aufbau und Erhalt eines Außenpostens bzw. einer Kolonie mit Siedlern aus dem Mutterland. Imperialismus ist eine Form staatlicher Politik und hat ideologische und kommerzielle Gründe. Kolonialismus ist dagegen einfach die Errichtung überseeischer Kolonien zu Siedlungs- und Handelszwecken. Ein Imperium kann allerdings Kolonien besitzen.

Manchmal gibt es auch einen geografischen Unterschied. Das Russische Zarenreich (1721–1917) und das Osmanische Reich (ca. 1300–1922) waren jeweils eine riesige zusammenhängende Landmasse. Kolonien liegen dagegen häufig weit entfernt und sind durch das Meer vom Rest des Imperiums abgeschnitten.

Sowohl Imperialismus als auch Kolonialismus gehen oft mit Gewaltanwendung einher, um Kontrolle über fremde Gebiete zu erlangen. Werden sie Teil eines Imperiums, bleiben deren Herrscher manchmal an der Macht, sofern sie den Kaiser (bzw. das Staatsoberhaupt

des Imperiums) als Souverän anerkennen. Kolonien dagegen werden direkt regiert.

DEKOLONISATION

Vom 15. bis 20. Jahrhundert bauten europäische Mächte in Amerika, Afrika und Asien Imperien auf. Meist stieß die imperiale Herrschaft bei den Völkern in den eroberten Gebieten auf starke Ablehnung. Der Prozess des Verzichts auf imperiale Kontrolle und die Entlassung in die Unabhängigkeit – „Dekolonialisation" genannt – erwies sich oft als schwierig. Vietnamesen und Algerier führten in den 1950er- und 1960er-Jahren große Befreiungskriege. Gleichzeitig war Großbritannien an Kolonialkriegen in Malaysia, im Jemen, in Kenia und anderswo beteiligt. Selten kommt es zum friedlichen Zusammenbruch eines Imperiums.

NEOKOLONIALISMUS

Einige Imperien kontrollieren ein anderes Land aufgrund ihrer ökonomischen oder kulturellen Dominanz, ohne es direkt zu regieren, was man „Neokolonialismus" oder „Neoimperialismus" nennt. Im 19. Jahrhundert kontrollierte Großbritannien drei Fünftel aller argentinischen Kapitalanlagen und war im Besitz der Eisenbahnen, obwohl Argentinien unabhängig und nie Teil des Britischen Empire war. Heute verfügen die USA, China, Russland und die EU über großen wirtschaftlichen, kulturellen und politischen Einfluss und werden manchmal als „Imperien" beschrieben. Als „neokolonialistisch" bezeichnet wird auch die übergroße Wirtschaftsmacht einiger Industriestaaten, Weltkonzerne und Institutionen.

POSTKOLONIALE IDEEN

In der Vergangenheit wurde Imperialismus damit gerechtfertigt, dass er den Menschen Bildung, neue Technologien und andere Vorteile gebracht habe. Doch gab es immer schon Gegner. Der Sowjetführer Lenin (1870–1924) sah darin die höchste Stufe des Kapitalismus, bei dem Investoren große Gewinne machten auf Kosten von ihnen kontrollierter Gebiete. Sich heute zu den Idealen der Demokratie und der nationalstaatlichen Souveränität zu bekennen, bedeutet, Imperialismus als Form der Unterdrückung und Ausbeutung zu betrachten.

Mahatma Gandhi

1869–1948

Mohandas Karamchand Gandhi, Mahatma („große Seele") genannt, nutzte friedlichen Protest, um Indiens Unabhängigkeit von der britischen Kolonialherrschaft zu fordern. Bei der Bekämpfung von Vorurteilen gegen Andersfarbige machte er aus dem religiösen Prinzip der ‚Ahimsa' („Nicht-Verletzen") eine politische Strategie.

> „Ich betrachte mich selbst als Soldat, jedoch als Soldat des Friedens."

Seinen Platz finden

1869 in Porbandar (Indien) geboren, studierte Gandhi in London Jura, ehe er nach Südafrika ging. In den 21 Jahren, die er dort lebte, begegnete er rassistischen Vorurteilen, was ihn zum politischen Aktivismus führte. Aus einem Zugabteil erster Klasse verwiesen zu werden, war für ihn ein „Moment der Wahrheit" – die Verweigerung seines Menschenrechts ein Schock. In Südafrika führte er erste gewaltlose Proteste gegen Rassendiskriminierung an. Mehrmals kam er dafür ins Gefängnis.

Heimkehr nach Indien

1915 kehrte Gandhi nach Indien zurück, in einer Zeit, als das Land unter der britischen Herrschaft zunehmend instabil wurde. 1919 verabschiedete die britische Regierung ein Gesetz, wonach mutmaßliche Terroristen ohne Prozess eingesperrt werden konnten. Gandhi forcierte *Satyagraha*-Proteste („an der Wahrheit festhalten") gegen den britischen Machtzuwachs. Auslöser für stärkere Proteste war schließlich das Massaker britischer Soldaten an hunderten friedlichen Demonstranten in der Stadt Amritsar. Daraufhin startete Gandhi eine indienweite „Kampagne der Nichtkooperation" mit den Briten.

Weg in die Unabhängigkeit

1920 zum Parteivorsitzenden des Indischen Nationalkongresses gewählt, wurde er in der Folgezeit als Galionsfigur der Protestbewegung zu mehreren Haftstrafen verurteilt. Trotz seiner Friedensappelle konnte er eine Eskalation oft nicht verhindern. Bemüht, Schranken zwischen Kasten und Religionen abzubauen, trafen ihn die Konflikte zwischen Hindus und Muslimen nach der Unabhängigkeit 1947 schwer. Im Jahr darauf wurde Gandhi von einem Hindu-Extremisten erschossen.

Salzmarsch
1930 brach Gandhi zu einem 388 Kilometer langen Marsch ans Arabische Meer auf, um gegen eine von den Briten verhängte Salzsteuer zu protestieren. Zehntausende schlossen sich ihm unterwegs an, u. a. die indische Dichterin Sarojini Naidu (oben).

BESCHEIDENER ANFÜHRER
Gandhi glaubte an das einfache Leben. Er lehnte die Industrialisierung ab und ermutigte Menschen, traditionelle Techniken anzuwenden. Mit zunehmendem Alter kleidete er sich in ein weißes Baumwolltuch, wie seine ärmsten Mitbürger.

„Patriotismus ist, wenn die Liebe zum eigenen Volk an erster Stelle steht. Nationalismus, wenn Hass auf andere an erster Stelle steht."

CHARLES DE GAULLE (1890–1970)
Anführer des freien Frankreichs und ehemaliger Staatspräsident

NATIONALISMUS ist ...

Unterstützung für und Loyalität zu einer Nation, manchmal in einer Weise, die den Interessen anderer Nationen schadet.

SIEHE AUCH:

← **Faschismus** S. 60–61

← **Revolution** S. 120–121

← **Imperialismus** S. 128–129

← **Mahatma Gandhi** S. 130–131

→ **Katalanischer Separatismus** S. 134–135

Nationalismus ist eine der wichtigsten politischen Ideen der letzten 200 Jahre. Er schuf neue Nationen und führte zum Untergang alter Imperien, die Weltkarte wurde neu gezeichnet. Seinetwegen sahen Völker sich und ihre Länder in neuem Licht. Nationalismus an sich beruht auf zwei Grundannahmen: Die Menschheit ist von Natur aus in klar unterscheidbare Nationen mit jeweils ähnlicher Bevölkerung aufgeteilt, und: Der Nationalstaat ist die geeignetste und legitimste Einheit politischer Herrschaft.

DOKTRIN ODER IDEOLOGIE?

Nationalismus kann als Doktrin verstanden werden – ein Glaube – oder als Ideologie – ein System von Idealen. Der Doktrin nach haben alle Nationen Anspruch auf Unabhängigkeit und Selbstregierung, und die Welt sollte aus vollkommen eigenständigen Nationalstaaten bestehen. Ideologisch geht Nationalismus jedoch viel weiter und fördert die Verinnerlichung des Patriotismus oder Unterstützung für das eigene Land. Er fördert die politische, kulturelle und ethnische Identität, wobei er die eigene Nation über alle anderen stellt, und sei es zu deren Nachteil.

NATIONALE IDENTITÄT

Sowohl als Doktrin wie auch als Ideologie besitzt der Nationalismus eine große Kraft. Er kann Menschen zusammenführen und ihnen eine gemeinsame Identität verleihen. Doch Nationalismus hat auch eine dunkle Seite. Wenn er die gemeinsame Abstammung betont, kann dies zu rassistischer Diskriminierung von Minderheiten und Fremdenfeindlichkeit führen. Vor allem können durch nationalistische Hetze Bewegungen wie der Faschismus und Nazismus entstehen, die beide extrem nationalistisch waren.

GESCHICHTE GESTALTEN

Der Nationalismus hatte im Europa des 19. Jahrhunderts enorme Auswirkungen. Die Italiener schlossen sich zur Schaffung einer neuen, geeinten Nation zusammen, die Deutschen bildeten ein vereintes Volk und die Iren begannen ihren langen Befreiungskampf gegen die britische Herrschaft.

Im 20. Jahrhundert lag die Ursache des Zweiten Weltkriegs (1939–1945) zum großen Teil in der militaristischen Politik nationalistischer Regime wie sie in Deutschland und Japan existierten, die in andere Länder einmarschierten, um ihre Grenzen auszudehnen. Nach dem Krieg erlangten indische Nationalisten ihre Unabhängigkeit von der britischen Kolonialherrschaft (1947) und Nationalitäten in ganz Nahost und Afrika befreiten sich aus früheren Kolonialreichen.

1991 trug Nationalismus bei zum Zusammenbruch der Sowjetunion, die 1922 aus mehreren Republiken gebildet worden war. Eine Reformperiode in den 1980er-Jahren mit dem Ziel, die Wirtschaft und die Struktur des zentralistischen kommunistischen Regimes in Moskau zu liberalisieren, hatte eine Welle von Revolutionen zur Folge, aus der letztlich 15 unabhängige Staaten hervorgingen. Eine im 21. Jahrhundert zunehmend nationalistische Stimmung in Russland, dem größten dieser Staaten, erleichterte es Präsident Wladimir Putin, die Annexion der Halbinsel Krim zu rechtfertigen. Der Zerfall Jugoslawiens führte in den 1990er-Jahren zu ethnischen Säuberungen und Völkermord. Nationalismus ist im 21. Jahrhundert im Aufwind. Für einige aktuelle nationalistische Gruppen spielt die Religion eine wichtige Rolle. Hindu-Nationalisten in Indien und buddhistische Gruppen in Myanmar, Thailand und Sri Lanka wollen die Regierungstätigkeit an religiösen Prinzipien ausrichten.

SEPARATISMUS

In vielen Staaten der Welt gibt es mehrere regionale Identitäten, in Spanien z. B. Basken und Katalanen, in Kanada Anglophone und Frankophone. Streben diese Minderheiten eine Abspaltung vom Staat an, kommt es zu Problemen. Die Schotten sprachen sich 2014 in einem Referendum sehr knapp für den Verbleib im Vereinigten Königreich aus. Katalonien erklärte sich 2017 aufgrund eines illegalen Referendums über die Loslösung von Spanien zu einer unabhängigen Republik. Im Mittleren Osten leben die Kurden in einer Gebirgsregion, die sich über die Türkei, den Irak, Syrien und den Iran erstreckt. Ihr Unabhängigkeitskampf wurde wiederholt unterdrückt. Damit bleiben sie die größte ethnische Gruppe der Welt, die noch immer für die Schaffung eines eigenen Staates kämpft.

„Kataloniens Wohlstand ist nur durch Abspaltung von Spanien möglich."

CARLES PUIGDEMONT (geb. 1962)
Ehemaliger Präsident der katalanischen Autonomieregierung

KATALANISCHER SEPARATISMUS

OKTOBER 2017

Katalonien ist eine erfolgreiche spanische Region mit 7,5 Millionen Einwohnern und eigener Identität, Sprache und Parlament. Seit der politischen Einigung Spaniens Anfang des 16. Jahrhunderts spaltet die Frage der Unabhängikeit Region und Land.

Nach einem illegalen Referendum im Jahr 2017 stürzte das katalanische Parlament Spanien mit der Unabhängigkeitserklärung Kataloniens in eine politische Krise.

2010 hatte die spanische Regierung das Autonomiestatut für Katalonien zum Teil ausgesetzt. Dies verlieh einer längst bestehenden Separatistenbewegung neue Kraft, was durch den wirtschaftlichen Erfolg der Region jetzt noch verstärkt wurde. Am 1. Oktober 2017 hielt Katalonien ein Unabhängigkeitsreferendum ab, das vom spanischen Verfassungsgerichtshof für gesetzwidrig erklärt wurde. Viele boykottierten die Wahl – nur 43 Prozent gaben ihre Stimme ab, 90 Prozent von diesen aber waren für die Abspaltung von Spanien. Nach einer weiteren Parlamentswahl in Barcelona erklärte Katalonien seine Unabhängigkeit.

Zum ersten Mal in seiner Geschichte rief Spanien den Notstand aus, um die direkte Kontrolle zu übernehmen und das katalanische Parlament aufzulösen. Viele wichtige Sezessionsführer wurden wegen Rebellion und Volksverhetzung verhaftet. Ihr Abspaltungsversuch war gescheitert, die Menschen aber demonstrieren nach wie vor für Unabhängigkeit, und die jahrhundertelange Debatte schwelt weiter.

Llibertat **(Katalanisch für Freiheit)**
Hunderte protestieren in Barcelona – die katalanische Flagge schwenkend – gegen die Verurteilung von zwölf angeklagten Separatistenführern im Februar 2019.

> **„Geographie ist die Basis für die Geschichte, und die Geschichte ist nichts anderes als eine in Bewegung gesetzte Geographie der Zeiten und Völker."**
>
> JOHANN GOTTFRIED HERDER (1744–1803)
>
> Deutscher Dichter, Theologe, Geschichts- und Kulturphilosoph

GEOPOLITIK ist ...

der Einfluss geografischer Faktoren, z. B. der topografischen Gegebenheiten, auf internationale Beziehungen und Politik.

SIEHE AUCH:

← **Umweltschutz** S. 108–109

← **Nationalismus** S. 132–133

→ **Globalisierung** S. 142–143

Den Begriff „Geopolitik" prägte der schwedische Staatswissenschaftler und Politiker Rudolf Kjellén in einem 1900 erschienenen Buch über Schwedens Geografie. Heute untersucht die Geopolitik-Forschung, wie sich Außenpolitik und politisches Verhalten durch Faktoren wie Klima, Landschaft, natürliche Ressourcen und Bevölkerung erklären lassen. Die Beziehungen zwischen verschiedenen Ländern können z. B. durch geteilte Wasservorkommen oder den Einfluss ressourcenreicher Staaten auf die globale Politik bestimmt werden.

SEEFAHRERNATIONEN

Alfred Thayer Mahan, Konteradmiral der US Navy und Marineschriftsteller des späten 19. und frühen 20. Jahrhunderts, war der Auffassung, dass die Kontrolle der Seewege für eine Nation politisch und wirtschaftlich vorteilhaft sei. Im Frieden diene sie dem Handel, im Krieg stärke sie die Marine. Der Aufstieg des Britischen Empire im 18. und 19. Jahrhundert galt als Beispiel. Großbritannien konnte dank seiner strategischen Lage im Atlantik eine mächtige Marine und starke Seehandelsverbindungen aufbauen. Heute profitieren China und Japan von ihrer Lage an den Hauptschifffahrtsrouten der Welt.

LANDMACHT

Mit der Erfindung von Zügen, Autos und Lkws gelang im 19. Jahrhundert die Erschließung

von Gebieten im Zentrum der Kontinente, wie etwa Deutschland, und von großen Staaten wie den USA und Russland. Größe zählt in der Weltpolitik. Die weiten landwirtschaftlichen Flächen, große Flüsse und Bodenschätze halfen den USA, die mächtigste Nation des 20. Jahrhunderts zu werden.

WASSER

Der Zugang zu sauberem Wasser für die Trinkwasserversorgung und die Bewässerung von Agrarflächen ist für jedes Land überlebensnotwendig. Der Nil entspringt in Ostafrika und mündet ins Mittelmeer. Dabei durchfließt er elf Länder. Bemühungen stromaufwärts gelegener Staaten wie Ruanda, Uganda und Äthiopien, sein Wasser zu teilen, stießen in Ägypten und im Sudan auf heftigen Widerstand. Um Konflikte zu vermeiden, wurde die Verteilung vertraglich geregelt. Allerdings wird Wasser aufgrund des Bevölkerungswachstums und des Klimawandels knapper und der Druck in der Region nimmt zu. Wasserknappheit herrscht auch in anderen Teilen der Welt, etwa in China. Zur Problembekämpfung werden dort von der Regierung neue Technologien eingeführt und die Wasserinfrastruktur modernisiert.

ROHSTOFFE

Die politische Bedeutung eines Landes hängt oft von seinen Rohstoffen ab. Große Ölvorkommen und Erdgasfelder am Persischen Golf verleihen Ländern wie dem Iran und Saudi-Arabien eine beträchtliche Weltmachtposition. Ebenso hat die Türkei als Energiekorridor zwischen den erdöl- und erdgasreichen Ländern Asiens und Europa einen erheblichen Einfluss.

NEUE SEIDENSTRASSE

Ein Versuch, die asiatisch-europäische Geopolitik neu zu definieren, ist das chinesische Projekt „Ein Gürtel, eine Straße", oft als „Neue Seidenstraße" bezeichnet. Gemeint ist eine Neuauflage jener Seidenstraße, die vor 2000 Jahren China mit Europa verband. Das neue wirtschaftsstrategische Netz will laut der chinesischen Regierung die „regionale Vernetzung ausbauen und den Weg in eine hellere Zukunft eröffnen". Der „Gürtel" ist eine länderübergreifende Straßen- und Schieneninfrastruktur zwischen China im Osten und den Niederlanden im Westen. Die „Straße" folgt alten Seehandelsrouten vom Indischen Ozean bis zum Mittelmeer. Einige Beobachter sehen in diesem Mammutprojekt einen Versuch Chinas, seinen Einfluss durch ein von ihm dominiertes Handelsnetzwerk auszuweiten.

„Die Menschheit muss dem Krieg ein Ende setzen, oder der Krieg setzt der Menschheit ein Ende."

JOHN F. KENNEDY (1917–1963)

Ehemaliger US-Präsident vor der Generalversammlung der Vereinten Nationen

KRIEG ist …

ein bewaffneter Konflikt zwischen Staaten, Regierungen, Militärstreitkräften oder anderen politischen Gruppen.

SIEHE AUCH:

← **Totalitarismus** S. 26–27

← **Nationalismus** S. 132–133

→ **Internationale Organisationen** S. 146–147

Kriege, ob sie nun zwischen Staaten, Völkern oder Gruppen innerhalb eines Landes geführt werden, können im Wettstreit um Territorien oder Ressourcen oder wegen gegensätzlicher Religionen oder politischer Überzeugungen ausbrechen. Grenzen zwischen Nationen, Rassen und Religionen werden seit jeher durch Kriege bestimmt.

WARUM KRIEG?

Die meisten heutigen Staaten unterhalten ein stehendes Heer und andere Verteidigungskräfte, um im Angriffsfall ihre Grenzen zu schützen. Jedoch förderten einige Regierungen aktiv ihre Streitkräfte als Mittel nationaler Politik. Dann spricht man von „Militarismus". Er verherrlicht den Krieg, feiert das Heldentum, stärkt den Patriotismus und ist ein Kennzeichen totalitärer Diktaturen, kann aber auch die Steigerung einer imperialistischen und nationalistischen Politik sein. Ein Krieg hat katastrophale Folgen. Aufgrund des technischen Fortschritts haben im vorigen Jahrhundert die verheerendesten Kriege stattgefunden – der Zweite Weltkrieg (1939–1945) forderte über 60 Millionen Menschenleben.

NUKLEARE ABSCHRECKUNG

Nach dem Ende des Zweiten Weltkriegs 1945 brach ein „Kalter Krieg" zwischen dem kapitalistischen Westen und dem kommunistischen Osten aus. In dieser Zeit angespannter Rivalität zwischen den USA und der Sowjetunion, die durch Militärparaden und atomares „Wettrüsten" geprägt war, wurde die direkte Konfrontation zwischen den beiden Seiten vermieden. Es herrschte ein „Gleichgewicht des Schreckens": Beide Seiten waren im Besitz von Nuklearwaffen, ein Angreifer hätte mit verheerenden Vergeltungsschlägen zu rechnen

gehabt. 1968 unterzeichneten über 60 Staaten den Atomwaffensperrvertrag, um die weitere Verbreitung von Nuklearwaffen zu verhindern. Bis 2016 schlossen sich 191 Staaten an – mit Ausnahme von Indien, Pakistan und Israel. Nordkorea zog sich 2003 aus dem Abkommen zurück, und gegen den Iran wurden wegen Vertragsbruchs Sanktionen verhängt.

NUR IM NOTFALL

Kriege und Militäreinsätze werden meist als Ergebnis gescheiterter Friedenspolitik bzw. Diplomatie angesehen. Heute sind die internationalen Beziehungen durch das Völkerrecht geregelt. Die 1945 gegründeten Vereinten Nationen (UN) sind für den Erhalt des Weltfriedens zuständig. Gemäß UN-Charta dürfen Militäreinsätze nur im Verteidigungsfall oder nach Genehmigung durch den UN-Sicherheitsrat erfolgen. Im Koreakrieg (1950–1953) wurde das Eingreifen internationaler Streitkräfte genehmigt, um die nordkoreanische Invasion Südkoreas abzuwehren. Dagegen wurde die Kriegsführung im Vietnamkrieg (1954–1975) zwischen dem kommunistischen Nordvietnam und dem US-gestützten Südvietnam nicht von der UNO gebilligt. Bis heute ist dies umstritten.

PAZIFISMUS

Pazifismus ist die Ablehnung von Krieg und Gewalt. Wie viele politische Ideen kann auch Pazifismus ganz unterschiedlich verstanden werden. Er kann sich auf moralische Prinzipien berufen in der Frage, was recht und unrecht ist, oder auf eine pragmatische Sichtweise, wonach Gewalt so kostspielig ist, dass Konflikte immer friedlich beizulegen sind. Für absolute Pazifisten ist ein Menschenleben so wertvoll, dass Krieg unter keinen Umständen gerechtfertigt wäre. Moderate Pazifisten sind für den Einsatz physischer Gewalt nur zur Selbstverteidigung oder wenn ihr Land angegriffen wird. Selektive Pazifisten unterscheiden zwischen Krieg, den sie nicht völlig ablehnen, und den Instrumenten der Kriegsführung. Sie sind gegen den Einsatz von nuklearen, chemischen oder biologischen Massenvernichtungswaffen. Kriegsdienstverweigerer weigern sich aus Gewissensgründen zu kämpfen. Die Kampagne für nukleare Abrüstung (CND), 1957 in Großbritannien gegründet, engagiert sich für die Abschaffung von Atom- und Chemiewaffen.

DER IRAKKRIEG

2003

Am 20. März 2003 marschierte eine US-geführte Truppenkoalition im Irak ein. Offizielles Ziel war die Entwaffnung des Landes und die Befreiung von Saddam Husseins repressivem Regime. Nach 43 Tagen erklärte sie ihre Mission für beendet, doch wurde die Invasion allgemein scharf verurteilt.

Saddam Hussein, ein brutaler Diktator, war seit 1979 Staatspräsident des Irak. Als seine Armee 1990 im benachbarten Erdölstaat Kuwait einfiel, unterstützten die Vereinten Nationen (UN) eine US-geführte Militäraktion. Der Irak wurde besiegt und die UNO ordnete die Zerstörung aller chemischen, biologischen und nuklearen Massenvernichtungswaffen an. Der Irak aber lehnte jegliche Kooperation ab.

Nach den Terroranschlägen des 11. September 2001 wurde die US-Außenpolitik härter. US-Präsident George W. Bush warf dem Irak Behinderung der UN-Waffeninspektionen vor, was eine Bedrohung für die Welt darstelle. 2003 veröffentlichte Großbritannien ein Dossier, das dem Irak nach wie vor den Besitz von Massenvernichtungswaffen unterstellte. Diese Informationen wurden später dementiert. Im März 2003 – ohne Rückhalt durch den UN-Sicherheitsrat und trotz Antikriegsprotesten von Millionen Menschen weltweit – griffen die USA, Großbritannien und Koalitionstruppen den Irak an, um Saddam zu vertreiben. Die Kämpfe dauerten noch lange nach Kriegsende an. In der Folge kam es zu gewalttätigen Unruhen und im darauffolgenden Jahrzehnt gab es Hunderttausende zivile Tote, Verletzte und Obdachlose. Der Krieg und seine Folgen entfachten eine hitzige weltweite Debatte über die Legalität von Militärinterventionen.

Sturz eines Tyrannen
Im April 2003 wird Saddam Husseins Statue bei der Einnahme Bagdads gestürzt. Saddam wurde im Dezember 2003 gefangen genommen, angeklagt und 2006 gehängt.

„Saddam ist gestürzt, dafür aber haben wir jetzt 1000 Saddams."

KADHIM AL-JABBOURI (geb. 1952)
Ein Iraker, der Saddams Statue zu Fall brachte, 2016 rückblickend, nach Jahren politischer Unruhe und Bürgerkrieg

> „Es heißt, argumentieren gegen die Globalisierung sei, als wolle man gegen die Gesetze der Schwerkraft argumentieren."
>
> KOFI ANNAN (1938–2018)
>
> Ehemaliger Generalsekretär der UNO und mit ihr Friedensnobelpreisträger

GLOBALISIERUNG ist ...

das wachsende Netz wechselseitiger Verbindungen von Völkern, Regierungen und Unternehmen.

SIEHE AUCH:

← **Liberalismus** S. 50–51

← **Kapitalismus** S. 52–53

← **Neoliberalismus** S. 56–57

← **Multikulturalismus** S. 116–117

→ **Internationale Organisationen** S. 146–147

Vor nicht allzu langer Zeit hatte jedes Land seine eigene Wirtschaft, Kultur und Politik. Die Industrie produzierte vor Ort und war in eigener Hand. Popmusik und Bücher kamen aus dem Inland, und die Politiker waren vornehmlich mit lokalen und nationalen Anliegen befasst. Jedes Land hatte einen unverkennbaren Charakter.

Heute sind viele Lebensbereiche stark globalisiert, was zu Homogenität oder Einförmigkeit führt. Die Fastfoodkette McDonald's z. B. verkauft in über 100 Ländern ihre Burger, die überall gleich schmecken. Großkonzerne sind weltweit aktiv. Mode, Musik und Filme sind grenzüberschreitend, und transnationale Themen stehen weltweit auf der Agenda – all das nennt sich „Globalisierung".

SCHRUMPFUNG DER WELT

Einer der ersten, die über Globalisierung geschrieben haben, war der Soziologe Roland Robertson. 1992 charakterisierte er sie als „Zusammenrücken der Länder und Menschen dieser Welt und die Intensivierung des Bewusstseins von der Welt als Ganzes". Der Internationale Währungsfonds (IWF), der die weltweite Zusammenarbeit im Finanzbereich fördert, sprach 2000 von vier Elementen der Globalisierung: Handel und Transaktionen, Kapitalverkehr und Investionen, Massenmigration und Wissensverbreitung. Hinzugefügt werden können heute die Globalisierung unserer Umwelt durch Erderwärmung, die grenzüberschreitende Umweltverschmutzung und das Überfischen der Weltmeere.

WELTWIRTSCHAFT

Die Verbreitung des internationalen Freihandels und die Entwicklung moderner Weltkonzerne im ausgehenden 20. Jahrhundert hat eine globale Wirtschaft geschaffen. Am meisten wurde sie von technologischen Innovationen befeuert, vor allem durch die Entwicklung von Computern und durch das Internet. Die profitabelsten Unternehmen agieren international. Die fünf US-amerikanischen High-Tech-Riesen – Facebook, Apple, Amazon, Netflix und Google – sind so dominant, dass sie unter dem Akronym „FAANG“ bekannt sind. Einige Weltunternehmen sind mehr wert als ganze Volkswirtschaften, jedoch haben sie ihren Sitz in Ländern mit relativ niedrigen Steuersätzen, wodurch ihre Gewinne hoch bleiben. Die von ihnen angebotenen Dienste, die in jedem Land gleich sind, schnüren die Welt in einem großen „Hi-Tech-Paket“ zusammen.

POLITISCHE AUSWIRKUNGEN

Die Globalisierung hat sich auch erheblich auf die Politik ausgewirkt. Wirtschaftliche Freiheit und die Verbreitung von Ideen haben die liberale Demokratie zur Hauptregierungsform auf der Welt gemacht. Einige Kritiker wenden ein, die Globalisierung bedeute das Ende nationaler Politik und mache den Staat irrelevant. Doch gab es auch Gegenreaktionen auf die Schaffung supranationaler Gebilde (Konföderationen aus zwei oder mehr Staaten) wie der Europäischen Union (EU). 2016 stimmte die Mehrheit der britischen Wähler dafür, die EU zu verlassen, worin sich auch der Wunsch ausdrückte, angesichts der Globalisierung die nationale Souveränität und Unverwechselbarkeit wiederzuerlangen.

ANNAHME ODER WIDERSTAND?

Die Globalisierung hat in einigen Ländern zu noch mehr Wohlstand und technologischem Fortschritt geführt. Die Menschen können sich zwischen den Ländern bewegen, um besser bezahlte Jobs anzunehmen. Dies wiederum hat zu regem Kulturaustausch geführt, wodurch Industriestaaten zunehmend von den Kulturen der Schwellenländer beeinflusst werden – und umgekehrt, wie es lange Zeit die Norm war. Es gibt aber auch Schattenseiten. Das Outsourcing von Dienstleistungen in Billiglohnländer spart reicheren Staaten zwar Kosten, hat aber auch Stellenabbau und zwangsläufig Lohnkürzungen im Inland zur Folge. Globalisierungsgegner warnen auch vor der Verbreitung kapitalistischer Einstellungen im Gegensatz zu Gemeinschaftswerten und vor dem wachsenden Einkommensgefälle, das durch den weltweiten Kapitalverkehr entsteht.

ROHINGYA-MIGRATION

AUGUST 2017

Mehr Menschen denn je leben nicht in ihrem Geburtsland. Einige Migranten sind Wirtschaftsflüchtlinge, viele aber fliehen vor Krieg, Naturkatastrophen oder Verfolgung.

Die Rohingyas, zumeist Muslime, leben bereits seit Generationen in Myanmar, jedoch verweigert ihnen dieses vorwiegend buddhistische Land die Staatsbürgerschaft. Angesichts der jahrzehntelangen Diskriminierung und Verfolgung wurden die Rohingyas gezwungen, ihre Heimat zu verlassen. 2017 wurden in einer Militäraktion Tausende Rohingyas getötet. Daraufhin setzte ein Exodus von rund 750 000 Menschen nach Bangladesch ein. Die Vereinten Nationen (UN) verurteilten dies als ethnische Säuberung, eines der nach internationalem Recht schwersten Verbrechen.

Diese Flüchtlinge – viele verhungerten und wurden krank – flohen zu Fuß und suchten in provisorischen Lagern Schutz. Die Hauptauffanglager werden gemeinsam vom UNO-Flüchtlingswerk und der Regierung von Bangladesch betrieben und von Hilfsorganisationen unterstützt, die für Nahrung, Wasser, Medizin und Grundunterricht für Kinder sorgen. Die Lager sind jedoch überfüllt, anfällig für Krankheiten, Gewalt und Menschenhandel.

Bangladesch ist selbst arm und überbevölkert und der eigenen Bevölkerung droht durch den steigenden Meeresspiegel und Stürme, deren Stärke durch den Klimawandel zunimmt, die Vertreibung. Trotz des erklärten Aufnahmewillens ist die andauernde Flüchtlingshilfe eine Herausforderung.

Fliehen um ihr Leben
Rohingyas überqueren im Oktober 2017 auf ihrer Flucht aus Myanmar nach Bangladesch den Grenzfluss Naf. Ihr Ziel sind bereits völlig überfüllte Flüchtlingslager.

„Erst wenn sie uns die Staatsbürgerschaft gewähren und uns Rohingyas nennen, können wir [zurück]gehen."

RUHUL AMIN
Ein Rohingya-Flüchtling, der für seine neunköpfige Familie spricht

„Wenn wir nicht zusammen im Krieg sterben wollen, müssen wir lernen, miteinander in Frieden zu leben."

HARRY S. TRUMAN (1884–1972)

Ehemaliger US-Präsident, in seiner Ansprache bei der UN-Gründungskonferenz

INTERNATIONALE ORGANISATIONEN sind ...

Institutionen, die Kooperation und Verständnis zwischen den verschiedenen Staaten der Welt fördern und unterstützen.

SIEHE AUCH:

Nationalismus S. 132–133

Geopolitik S. 136–137

Krieg S. 138–139

Globalisierung S. 142–143

Internationale Organisationen sind Zusammenschlüsse von drei oder mehr Staaten, die sich gemeinsam um Frieden und Sicherheit, Handel, Ressourcen und Umwelt kümmern. Sie verpflichten sich gegenseitig vertraglich und unterliegen meist internationalem Recht. Viele arbeiten für die Verbesserung der Lebensumstände in aller Welt, unabhängig von ethnischer Herkunft und religiösen, sozialen und nationalen Unterschieden.

ZUSAMMENARBEIT

Eine der ersten internationalen Organisationen war der Völkerbund, der 1920 nach dem Grauen des Ersten Weltkriegs gegründet wurde. Seine Zielsetzung war die Förderung des Weltfriedens. Er hielt grundsätzlich fest, dass Angriffskriege ein Verbrechen sind. Ohne die Mitgliedschaft der USA und anderer wichtiger Staaten scheiterte der Völkerbund jedoch. 1939 brach der Zweite Weltkrieg aus. Den 1945 gegründeten Vereinten Nationen diente die Organisation jedoch als Vorbild. Heute ist fast jeder Staat Mitglied. Die UNO will den Weltfrieden erhalten und setzt sich für Menschenrechte, Umwelt und globale Wirtschaftsentwicklung ein. Viele internationale Einrichtungen wie die Weltgesundheitsorganisation (WHO) und das Kinderhilfswerk UNICEF sind Unterorganisationen. Die WHO arbeitet an der Verbesserung der medizinischen Versorgung und für die Eindämmung von Seuchen wie Ebola, Cholera, HIV/AIDS oder Covid-19.

REGIONALE ORGANISATIONEN

Nicht alle Organisationen sind global. Die EU vereint 27 europäische Staaten zu einem politischen Kooperationsbündnis und Handelsblock, während das Nordatlantische Bündnis (NATO) 29 europäische und nordamerikanische Länder in einem Verteidigungspakt zusammenschließt. Weltweit gibt es viele andere regionale, teils international ausgerichtete Organisationen. Die Afrikanische Union (AU) z. B. fördert die Kooperation zwischen 55 afrikanischen Staaten und schützt afrikanische Welthandelsinteressen.

NICHTREGIERUNGSORGANISATIONEN

Eine Nichtregierungsorganisation (NGO) ist eine regierungsunabhängige, wohltätige Einrichtung, die sich oft gemeinnützig betätigt. Viele NGOs leisten humanitäre Arbeit und agieren z. B. in Kriegsgebieten, wo nationale Regierungen nicht helfen können. Das Internationale Komitee vom Roten Kreuz (IKRK) wurde 1863 in der Schweiz gegründet, um verwundete Soldaten auf dem Schlachtfeld zu versorgen. Heute arbeitet es gemäß den vier Genfer Konventionen zur Behandlung von kriegsgefangenen Soldaten und Zivilisten. Auch eine neuere NGO, die 1971 gegründete Médecins Sans Frontières (Ärzte ohne Grenzen), hilft in Kriegsgebieten. Nicht alle Organisationen sind humanitär. Das Internationale Olympische Komitee (IOK) z. B. strebt den Aufbau einer besseren Welt durch Sport an.

SCHWÄCHEN

Die unterschiedlichen Ziele der beteiligten Staaten können Konsensfindung und Handeln für eine internationale Organisation zur Herausforderung machen. Z. B. haben die UN-Mitgliedstaaten um die Formulierung der Klimaziele gerungen. Die UNO wurde lange für ihre Leistungsschwäche und lockere Ausgabenpolitik kritisiert. Ihre Befugnisse sind beschränkt, zwischen den Mitgliedern bestehen große Unterschiede, oft sind sie gespalten. Dennoch gab es dank der UN-Friedensinitiativen seit 1946 weniger Kriegsopfer und es sterben heute weniger Menschen an Hunger als im 20. Jahrhundert.

PERSONENVERZEICHNIS

HANNAH ARENDT (1906–1975)

Nach ihrer Flucht vor den Nazis in den 1930er-Jahren ließ sich die Politologin und Philosophin Hannah Arendt in den USA nieder. Ihre politischen Essays waren kontrovers. Eines ihrer Hauptwerke ist *Elemente und Ursprünge totaler Herrschaft* (1951). Darin untersucht sie Regierungssysteme wie Kommunismus und Faschismus, die persönliche Freiheiten aushebeln und Totalüberwachung durchsetzen.

ARISTOTELES (CA. 384–322 V. CHR.)

Der griechische Philosoph Aristoteles lehrte ein System der „natürlichen Ordnung", in die sich verschiedene Regierungsformen einreihen. Sein Klassifikationsschema der Staatsformen Monarchie, Tyrannei, Aristokratie, Oligarchie und Demokratie ist bis heute noch wiedererkennbar.

SIMONE DE BEAUVOIR (1908–1986)

Als Schriftstellerin, Philosophin und Frauenrechtlerin der französischen Linken war Simone de Beauvoir eine anerkannte Größe. Ihr Werk *Das andere Geschlecht* (1949), das die ungeordnete Stellung der Frauen in einer männerdominierten Welt untersucht, findet bis heute Nachhall im Feminismus des 21. Jahrhunderts.

JEREMY BENTHAM (1748–1832)

Der britische Sozialreformer trat für die Reformierung von Gefängnissen und des Justizsystems ein. Er war der Begründer der Theorie des Utilitarismus, wonach der Maßstab unseres Handelns das größte Glück für die größte Anzahl von Menschen sein muss.

EDMUND BURKE (1729–1797)

Der englisch-irische Staatsphilosoph, der als geistiger Vater des modernen Konservatismus gilt, war rund 30 Jahre lang Parlamentsabgeordneter und beteiligte sich aktiv an der Kolonialdebatte. Als 1789 die Französische Revolution ausbrach, bezog er klar Stellung gegen die sogenannte Pöbelherrschaft.

GEORGE W. BUSH (GEB. 1946)

Ehemals Gouverneur von Texas, wurde der Republikaner George W. Bush 43. Präsident der Vereinigten Staaten (2001–2008). Sein erstes Amtsjahr war durch die Terroranschläge des 11. September 2001 geprägt, die u.a. das World Trade Center in New York zerstörten. Sein „Krieg gegen den Terror" mit Truppeneinsatz im Irak und in Afghanistan polarisierte die Welt.

JUDITH BUTLER (GEB. 1956)

Die US-amerikanische Soziologin, Philosophin und Menschenrechtlerin hat seit Jahrzehnten großen Einfluss auf die Frauenpolitik und Geschlechterforschung. In ihrer zukunftsweisenden Schrift *Das Unbehagen der Geschlechter* (1990) hinterfragt sie überkommene Ansichten darüber, was als männlich oder weiblich zu gelten hat.

FRIEDRICH ENGELS (1820–1895)

Zusammen mit Karl Marx war der Sozialist Friedrich Engels Mitbegründer des Kommunismus. Sie waren der Auffassung, dass kapitalistische Arbeitgeber das Proletariat ausbeuten. Neben vielen anderen Schriften gaben sie gemeinsam *Das Kommunistische Manifest* (1848) heraus, dass eine Revolution in Europa voraussagte.

FRANCISCO FRANCO (1892–1975)

1936 putschte der nationalistische Parteiführer Francisco Franco gegen die Regierung der Zweiten Spanischen Republik. Der darauf folgende Bürgerkrieg forderte viele Menschenleben. Nach seinem Sieg regierte Franco Spanien von 1939 bis zu seinem Tod als Diktator im Jahre 1975.

BENJAMIN FRANKLIN (1706–1790)

Der Staatsmann, Naturwissenschaftler und Erfinder spielte als einer der Gründerväter der USA eine wichtige Rolle. Nachdem er viele Jahre in England verbracht und versucht hatte, die Differenzen zwischen Großbritannien und den amerikanischen Kolonien beizulegen, beteiligte er sich an der Ausarbeitung der Unabhängigkeitserklärung 1776.

BETTY FRIEDAN (1921–2006)

Als die US-amerikanische Schriftstellerin und Feministin 1963 ihr Werk *Der Weiblichkeitswahn* publizierte, regte sie viele Frauen an, jenseits ihrer häuslichen Pflichten Ziele zu erreichen. Sie war Mitbegründerin der National Organization for Women (NOW).

MILTON FRIEDMAN (1912–2006)

Der US-amerikanische Ökonom, bekannt für seine Theorien zum freien Marktkapitalismus, hatte großen Einfluss auf die amerikanische Geldpolitik. Ihm zufolge sollten sich Angebot und Nachfrage selbst regeln, wobei der Staat nur wenig oder gar nicht eingreift.

JOHN KENNETH GALBRAITH (1908–2006)

Der kanadisch-US-amerikanische Ökonom verbrachte den größten Teil seines Lebens in den USA, wo er eine akademische Laufbahn mit einer aktiven Rolle in der Politik verband. In seinem berühmtesten Werk – *The Affluent Society* (1958), zu deutsch „Gesellschaft im Überfluss" – kritisiert er Amerikas Besessenheit, zu Lasten der Finanzierung öffentlicher Dienste Geld für Konsumgüter auszugeben.

MAHATMA GANDHI, SIEHE SEITEN 130–131

MARCUS GARVEY (1887–1940)

Der jamaikanische Rastafari-Aktivist begründete in den USA die „Back-to-Africa"-Bewegung, um Afroamerikaner zur Rückkehr in die Heimat ihrer Vorfahren aufzurufen. Seine Reden und Essays erschienen in zahlreichen Büchern. 1922 wurde er wegen Betrugs zu fünf Jahren Haft verurteilt. Nach seiner Abschiebung nach Jamaika wanderte er nach England aus, wo er bis zu seinem Tod blieb.

EMMA GOLDMAN (1869–1940)

Die internationale Anarchistin wuchs in Litauen auf und emigrierte 1885 in die USA, wo sie u. a. für Redefreiheit und Gleichberechtigung von Frauen eintrat. Als mutmaßliche Drahtzieherin subversiver Aktivitäten wurde sie 1919 ausgewiesen und nach Russland ins Exil verbannt. Danach lebte die ewige Rebellin in Schweden, Deutschland, Frankreich, England und Kanada.

OLYMPE DE GOUGES (1748–1793)

Die Revolutionärin, Frauenrechtlerin und Autorin von Theaterstücken kämpfte vehement für die Frauenrechte und die Abschaffung des Sklavenhandels. In der Terrorherrschaft der Jakobiner (radikale Phase der Französischen Revolution) wurde sie wegen Hochverrats zum Tode verurteilt.

ANTONIO GRAMSCI (1891–1937)

Der italienische Marxist gehört zu den Begründern der Kommunistischen Partei Italiens und war eine Zeit lang deren Generalsekretär. Als die Partei 1926 von Mussolini für illegal erklärt wurde, musste Gramsci lange Jahre in Haft. In dieser Zeit verfasste er seine berühmten Gefängnishefte.

CHE GUEVARA, SIEHE SEITEN 106–107

ALEXANDER HAMILTON (CA. 1755–1804)

Der in der Karibik geborene amerikanische Politiker, Rechtsanwalt und Staatsmann war einer der Gründerväter der Vereinigten Staaten. Bevor er sich der Politik zuwandte, nahm er als Offizier am Amerikanischen Unabhängigkeitskrieg teil. Hamilton wirkte maßgeblich bei der Ausarbeitung einer neuen Verfassung mit. Er starb an den Folgen eines Duells mit einem politischen Gegenspieler.

FRIEDRICH AUGUST VON HAYEK (1899–1992)

Der Ökonom und Sozialphilosoph österreichischer Herkunft nahm 1938 die britische Staatsbürgerschaft an. Für seine bahnbrechenden Arbeiten zu wechselseitigen Abhängigkeiten zwischen Politik, Wirtschaft und konjunkturellen Entwicklungen erhielt er 1974 den Nobelpreis.

THOMAS HOBBES (1588–1679)

Der englische Philosoph war ein großer politischer Vordenker. Er vertrat die Theorie des aufgeklärten Absolutismus auf Basis eines Gesellschaftsvertrags. Ausgeführt hat er dies in seinem Hauptwerk *Leviathan* (1651).

BELL HOOKS ((GEB. 1952)

Die afroamerikanische Feministin, soziale Aktivistin und Literaturwissenschaftlerin Gloria Watkins schrieb unter dem Pseudonym bell hooks (in Kleinbuchstaben). Sie war eine der ersten Frauenrechtlerinnen, die den Begriff „Intersektionalität" aufbrachte, wonach die Unterdrückung von Frauen nicht nur auf ihrem Geschlecht beruht, sondern auch auf rassen- und klassenbedingten Statusunterschieden.

JOHN MAYNARD KEYNES (1883–1946)

Wenige Ökonomen des 20. Jahrhunderts prägten die Wirtschaftspolitik so sehr wie John Maynard Keynes. Seiner Keynesianischen Theorie zufolge müssen Regierungen die Besteuerung und die öffentlichen Ausgaben nachfragesteigernd regeln, um so die Wirtschaft anzukurbeln.

MARTIN LUTHER KING JR. (1929–1968)

Der Baptistenpastor Martin Luther King Jr. führte ab 1955 bis zu seiner Ermordung 1968 die Bürgerrechtsbewegung in den USA an. Mit einigen der größten Demonstrationen und Märschen mahnte er seine Anhängerschaft zu friedvollen Protesten. 1964 erhielt er den Friedensnobelpreis. Im gleichen Jahr wurde der Civil Rights Act verabschiedet, der Rassentrennung in den USA für gesetzeswidrig erklärte.

WLADIMIR ILJITSCH LENIN (1870–1924)

Der russische Revolutionär Wladimir Iljitsch Uljanow, bekannt als Lenin, führte den Aufstand an, der 1917 zur Absetzung des Zaren führte. Als Parteiführer der Bolschewiken übernahm er ab 1917 die Regierung Sowjetrusslands und gründete 1922 die Sowjetunion als den ersten kommunistischen Staat der Welt. 1918 überlebte Lenin ein Attentat, blieb aber gesundheitlich schwer angeschlagen. Nach seinem Tod trat Josef Stalin die Nachfolge an.

ABRAHAM LINCOLN (1809–1865)

Der erste republikanische Präsident der USA, Abraham Lincoln, war ein radikaler Sklavereigegner. Seine Wahl zum

Präsidenten im Jahr 1861 führte dazu, dass sich die Südstaaten, deren Wirtschaft von Sklavenarbeit abhing, abspalteten und eine Konföderation bildeten. Daraufhin folgte ein vierjähriger Bürgerkrieg. 1863, nach dem Sieg der Nordstaaten bei Gettysburg, hielt Lincoln eine der berühmtesten Reden der Geschichte, die „Gettysburg Address", in der er von Gleichheit und Freiheit in einer geeinten Nation sprach. Bei einem Besuch im Theater wurde Lincoln von einem fanatischen Anhänger der Konföderation ermordet.

JOHN LOCKE (1632–1704)

Der englische Philosoph formulierte das Grundprinzip des Liberalismus, wonach die Legislative Freiheit und Gleichheit der Menschen in einem Land sicherzustellen habe. Sein Werk *Zwei Abhandlungen über die Regierung* (1689) bildete die Basis für eine politische Machtverschiebung vom alleinherrschenden Monarchen hin zum Parlament.

ROSA LUXEMBURG (1871–1919)

Die Marxistin und Revolutionärin war gebürtige Polin, nahm später aber die deutsche Staatsbürgerschaft an. Als Idealistin unterstützte sie Generalstreiks, um den Kapitalismus zu Fall zu bringen und gründete den Spartakusbund, den Vorläufer der Kommunistischen Partei Deutschlands (KPD). Bei Untergrundaktivitäten in Berlin wurde sie von Freikorpssoldaten erschossen.

NICCOLÒ MACHIAVELLI (1469–1527)

Der italienische Philosoph der Renaissance verfasste das politische Traktat *Der Fürst* (1532), worin er erläutert, was ein Führer tun bzw. nicht tun sollte, um erfolgreich zu regieren. Der Begriff „Machiavellismus" bezeichnet heute das Verhalten von Menschen, denen jedes Mittel recht ist, um ihre Ziele voranzutreiben.

NELSON MANDELA, SIEHE SEITEN 34–35

MAO ZEDONG (1893–1976)

Mao, eine wirkungsmächtige Ikone des Kommunismus, schuf 1949 die Volksrepublik China. Mit seiner Volksbefreiungsarmee besiegte er die nationalistischen Streitkräfte und legte den Grundstein für ein modernes China. Als Vorsitzender bzw. Staatsführer nahm er im Regierungssystem überfällige Änderungen vor, seine Brutalität aber forderte Millionen Todesopfer, vor allem unter den Bauern.

KARL MARX, SIEHE SEITEN 44–45

JOHN STUART MILL (1806–1873)

Der britische Politiker und Ökonom John Stuart Mill vertrat die Ansicht, dass in einer gesunden Gesellschaft Rede- und Handlungsfreiheit gelten sollte, sofern dies anderen nicht schade. Sein Buch *Über die Freiheit* (1859) hat das liberale Denken maßgeblich beeinflusst. Mill trat – was seinerzeit ungewöhnlich war – für Frauenrechte ein. Seine Frau, Harriet Taylor Mill, teilte seine Überzeugungen. Viele ihrer Ideen flossen in seine berühmtesten Werke ein.

BARON DE MONTESQUIEU (1689–1755)

Der politische Philosoph Charles-Louis de Secondat, Baron de Montesquieu, vertrat innovative, verfassungsrechtliche Ansichten zur Gewaltenteilung. Der Franzose war der festen Überzeugung, dass Monarchien wie auch Republiken mangels Einschränkung durch die Legislative zu Tyranneien mutieren konnten. In *Vom Geist der Gesetze* (1748) untersucht er komplexe politische und rechtliche Themen.

BENITO MUSSOLINI (1883–1945)

1919 gründete Benito Mussolini die Nationale Faschistische Partei Italiens und gelangte rasch an die Macht. Er nannte sich „Il Duce" („der Führer") und errichtete bis 1925 eine Diktatur. Nach der Niederlage gegen die Alliierten im Zweiten Weltkrieg floh Mussolini, wurde gefangen genommen und von seinen eigenen Landsleuten hingerichtet.

BARACK OBAMA (GEB. 1961)

Als erster Afroamerikaner, der zum US-Präsidenten gewählt wurde, war der Demokrat Barack Obama von 2009 bis 2017 im Amt. Unter ihm erfolgte – mit begrenztem Erfolg – die Gesundheitsreform „Obamacare". Mit dem Abzug zehntausender Soldaten aus dem Irak und Afghanistan versuchte er globale Feindseligkeiten abzubauen. Jedoch blieb das US-Militär während seiner gesamten Amtszeit in verschiedenen Ländern weiter im Einsatz.

GEORGE ORWELL (1903–1950)

Der den Linkssozialisten nahestehende, britische Schriftsteller George Orwell (Pseudonym von Eric Blair) konkretisierte in zwei seiner meistgelesenen Romane den Horror repressiver Regime: In *Farm der Tiere* (1945), einer Parabel über den Verrat an kommunistischen Idealen, erheben sich Tiere einer englischen Farm gegen die ausbeuterische Herrschaft ihrer Besitzer. Der dystopische Roman *1984* (1949) spielt in einer fiktiven Zukunft mit totalitärem Überwachungsstaat („Big Brother"). Orwell war auch anerkannter Journalist und Autor von zahlreichen Sachbüchern.

ROBERT OWEN (1771–1858)

Der britische Spinnereibesitzer war einer der aktivsten Sozialreformer seiner Zeit. Angesichts der schlechten Lebens- und Arbeitsbedingungen seiner Beschäftigten sah er sich veranlasst, für die allgemeine Sozialfürsorge einzutreten. Er unternahm genossenschaftliche Experimente, die letztlich scheiterten. Seine Ideen eines utopischen Sozialismus hielt er in seinem Werk *Eine neue Auffassung von der Gesellschaft* (1813) fest.

THOMAS PAINE (1737–1809)

Als Aktivist und Republikaner lebte der gebürtige Brite viele Jahre in Amerika. Er schrieb das äußert einflussreiche Pamphlet *Common Sense* (1774), worin er sich für die Unabhängigkeit Amerikas aussprach. Wieder zurück in London, erschien seine Streitschrift *Die Rechte des Menschen* (1791) in Verteidigung der Französischen Revolution, wodurch er bei der britischen Regierung in Ungnade fiel.

PIERRE-JOSEPH PROUDHON (1809–1865)

Der berühmte Spruch „Eigentum ist Diebstahl" stammt aus der Schrift *Was ist Eigentum?* (1840) des französischen Politikers Pierre-Joseph Proudhon. Als selbsternannter Anarchist glaubte Proudhon an Freiheit und Gleichheit, erkannte jedoch, dass Revolutionen das Leben der Armen nicht immer verbessern.

JOHN RAWLS (1921–2002)

Der US-amerikanische Professor gilt als einer der einflussreichsten politischen Philosophen seiner Zeit. In seinem Buch über die Entwicklung des Liberalismus *Eine Theorie der Gerechtigkeit* (1970) untersuchte er die Voraussetzungen für eine gerechte Gesellschaft.

RONALD REAGAN (1911–2004)

Der in die Politik gewechselte Schauspieler Ronald Reagan (Republikaner) amtierte von 1981 bis 1889 als US-Präsident. Mit seiner Wirtschaftspolitik „Reaganomics" setzte er sich Steuersenkungen und Sozialabbau zum Ziel. Seine zweite Amtszeit wurde durch einen Waffendeal mit dem Iran überschattet. Seine direkte Beteiligung ist jedoch umstritten.

EDWARD SAID (1935–2003)

Der US-amerikanische Literaturtheoretiker und -kritiker palästinensischer Herkunft befasste sich vor allem mit der kulturellen Prägung von Politik. Sein berühmtestes Werk *Orientalism* (1978) stellte die westliche Überheblichkeit gegenüber östlichen Kulturen infrage.

ADAM SMITH (1723–1790)

Der schottische Philosoph und Ökonom sah im Kapitalismus ein politisches System, in dem Handel und Industrie von gewinnorientierten Privateigentümern statt vom Staat gelenkt werden. In seinem Werk *Der Wohlstand von Nationen* (1776) vertritt er die Ansicht, dass ein deregulierter Markt den Interessen eines Landes am am besten diene.

JOSEF STALIN (1878–1953)

Der Revolutionär, Kommunist und Diktator wurde 1929 Regierungschef der Sowjetunion und herrschte bis zu seinem Tod mit eiserner Hand. Er verstaatlichte Industrie und Wirtschaft. Seine Enteignungs- und Kollektivierungspolitik führte zu Aufständen und Hungersnot. Unter Stalin sind Millionen von „Staatsfeinden" verstorben oder einfach verschwunden.

MARGARET THATCHER (1925–2013)

Die britische Politikerin der Konservativen Partei war Großbritanniens erste Frau im Amt des Premierministers und zwar von 1979 bis 1990 dreimal in Folge. Mit ihrer Ideologie des „Thatcherismus" vertrat sie vehement die Privatisierung und Liberalisierung von Industrie und Handel.

ALEXIS DE TOCQUEVILLE (1805–1859)

Bei seinem Besuch in den USA 1831 war der französische Politiker, Diplomat und Historiker über den großen Fortschritt von Demokratie und Gleichheit begeistert. In seinem berühmten Buch *Über die Demokratie in Amerika* (1835) führte er seine Gedanken aus. Obwohl er an eine klassenlose Gesellschaft glaubte, misstraute er sozialistischen Ideen, weil sie nur neue Klassen schaffen könnten.

LEO TROTZKI (1879–1940)

Der russische Marxist und Revolutionär schloss sich 1917 nach Absetzung des Zaren den Bolschewisten an. Er diente dem neuen Regime als Volkskommissar des Auswärtigen, danach als Kriegskommissar. 1926 wurde er aus dem Politbüro, im November 1927 auch aus der KPdSU ausgeschlossen und im Exil in Mexiko auf Geheiß Stalins ermordet.

GEORGE WASHINGTON (1732–1799)

Der Oberbefehlshaber von Heer und Marine und Held des Amerikanischen Unabhängigkeitskriegs wurde zum ersten Präsidenten der USA gewählt (1789–1797). Er war maßgeblich an der Ausarbeitung der US-Verfassung beteiligt und hat sie als erster unterzeichnet.

MAX WEBER (1864–1920)

Der deutsche Ökonom Max Weber gilt als Vater der modernen Soziologie. Zu seinen Werken zählen *Die protestantische Ethik und der Geist des Kapitalismus* (1905). Darin untersucht er die Arbeitsethik, die Protestantismus und Kapitalismus gemein haben, obschon man in einem Fall geistig und im anderen Fall finanziell entlohnt wird.

MARY WOLLSTONECRAFT, SIEHE SEITEN 90–91

GLOSSAR

-archie/-kratie
Diese Endungen bezeichnen Regierungsformen, z. B. Monarchie oder Demokratie.

-ismus
Ein auf -ismus endendes Wort wird für ein bestimmtes politisches Ideengefüge oder für Ideologien verwendet, z. B. für Kapitalismus oder auch andere Überzeugungen wie Feminismus.

Absolutismus
Eine Regierungsform, in der eine Person oder eine politische Gruppe alles zentral steuert.

Angebot und Nachfrage
Die Balance zwischen der Menge erhältlicher Waren und der Anzahl der Menschen, die die Produkte kaufen wollen.

Assimilierung
Der Prozess, bei dem ethnische Minderheiten und Menschen unterschiedlicher Kulturen allmählich Merkmale der dominierenden Gruppe annehmen.

Aufklärung, Die
Geistesgeschichtliche Epoche im Europa des 18. Jahrhunderts, als Denker überlieferte religiöse Anschauungen infragestellten und eine neue Logik der Vernunft entwickelten.

Austerität
Staatlich geschnürtes Maßnahmenpaket zum Abbau von Haushaltsdefizite wie etwa Kürzung öffentlicher Mittel und Steuererhöhungen.

Autorität
Das Recht bzw. die Macht, jemand anderem Regeln aufzuerlegen.

Autoritarismus
Starre Kontrolle durch die Regierung, die Bürger- und Freiheitsrechte einschränkt.

Autokratie
Eine Regierungsform, in der nur eine Person oder Gruppe über totale Macht verfügt.

Autonomie
Das Recht eines Staates oder eines Gebiets auf Selbstverwaltung.

Belästigung
Unerwünschtes und unaufgefordertes Verhalten, wodurch sich jemand eingeschüchtert, bedroht oder beleidigt fühlt.

Bourgeoisie
Gesellschaftsschicht, der vor allem zum Mittelstand zu rechnende Kapitalisten angehören.

Bürger
Eine Person, die rechtlich einer bestimmten Nation angehört und Anspruch auf deren Rechte und Schutz hat.

Bürgergesellschaft
Auch Zivilgesellschaft. Gesellschaftsform, die durch aktive Teilhabe ihrer Mitglieder gemeinnützig agiert, nicht aber Teil der Regierung ist.

Bürgerlich
Bezugnehmend auf die Zivilisten eines Landes, die nichts mit dem Militär oder religiösen Einrichtungen zu tun haben.

Deregulierung
Rückzug des Staates aus dem Geschäftsleben oder der Industrie.

Despot
Ein Herrscher mit totalitärer Macht, der die Menschen unterdrückt und terrorisiert.

Diplomatie
Die Kunst, internationale Verhandlungen zwischen Regierungen und deren Vertretern zu führen.

Dystopie
Fiktive Gesellschaft der Zukunft in einem totalitären Überwachungsstaat.

Egalitarismus
Überzeugung, dass alle Menschen gleich sind in sozialer, politischer und wirtschaftlicher Hinsicht.

Elitarismus
Auffassung, dass die Gesellschaft von den Superreichen, Mächtigen und Privilegierten regiert werden sollte.

Ethisch
Im Einklang mit moralischen und gesetzlichen Verhaltensnormen stehend.

Exekutive
Regierungsinstanz, die darüber wacht, dass Gesetze und Politik umgesetzt werden.

Extremismus
Das Vertreten extremer polittischer oder religiöser Meinungen, vor allem solcher, die Gewaltanwendung dulden.

Föderation
Regierungssystem mit bundesstaatlicher Rechtsordnung, jedoch mit regionaler Selbstverwaltung.

Freier Markt
Wirtschaftsform, die ohne staatliche Eingriffe von Angebot und Nachfrage bestimmt wird.

Fundamentalismus
Strenge Befolgung einer Religion oder eines politischen Dogmas, das keine abweichnenden Meinungen zulässt.

Gesellschaft
Die Menschen, die eine organisierte Gemeinschaft innerhalb einer Region oder eines Staats bilden und auf regelmäßiger Basis interagieren.

Gesellschaftsvertrag
Ein Vertrag zwischen den Mitgliedern einer Gesellschaft und deren Regierung, in dem man sich über eine für beide Seiten akzeptable Politik und Gesetze einigt.

Guerrillakrieg
Von kleinen, unabhängigen Rebellengruppen gegen die regulären Streitkräfte geführter Kampf. Guerilla-Taktiken basieren auf Methoden, die auf das Überraschungsmoment, Angriffe aus dem Hinterhalt und Propaganda setzen.

Ideologie
Ideen und Überzeugungen, die die dogmatische Basis einer Gruppe bilden. Zu den politischen Ideologien gehören Sozialismus, Liberalismus und Konservatismus.

Illiberal
Steht im Gegensatz zur Auffassung, dass Menschen Rede- und Wahlfreiheit haben sollten.

Illiberale Demokratie
Politisches System, in dem die Regierung vom Volk gewählt wird, jedoch dessen Freiheit einschränkt und keine Transparenz walten lässt.

Interessengruppe
Formelle Personengruppe oder Organisation, die ihre Ziele durchsetzen will, indem sie eine Regierung zur politischen Kursänderung bringt.

Interessenverband
Personen mit gemeinsamen Interessen, die sich zusammenschließen, um die Regierenden von ihrer Sache zu überzeugen.

Judikative
Die staatliche Gewalt, die für die Rechtsprechung zuständigig ist.

Kapital
Finanzielle oder andere Vermögenswerte wie Grundstücke oder Gebäude.

Klassensystem
Einteilung von Menschen in Gruppen je nach gesellschaftlichem Status wie etwa Mittelstand und Arbeiterklasse.

Koalition
Temporäres Regierungsbündnis aus verschiedenen politischen Parteien, meist wenn in einer Wahl keine Partei die absolute Mehrheit erlangt.

Konföderation
Ein Bündnis aus verschiedenen Personengruppen, die auf gemeinsame politische Ziele hinarbeiten, jedoch die Kontrolle über ihre eigenen Bereiche beibehalten.

Konstitutionalismus
Staatsform, in der eine Verfassung mit geschriebener Rechtsordnung gilt.

Korruption
Unlautere oder kriminelle Machtausübung zur privaten Bereicherung oder für politische Vorteile.

Kriegsrecht
Militärische Kontrolle, die die normale Zivilregierung eines Landes ersetzt, meist um in Krisenzeiten die Ordnung aufrechtzuerhalten.

Kultur
Sitten, Verhalten und Gesellschaftsnormen eines Landes.

Laissez-faire
Der Begriff kommt aus dem Französischen für „gewähren lassen". Er bezeichnet eine der Kapitalismustheorien, wonach ein Wirtschaftssystem am besten ohne staatliche Einmischung funktioniert.

Legislative
Gesetzgebende Gewalt eines Staates oder einer Stadt.

Liberale Demokratie
Demokratische Regierungsform, in der politische Gewalt durch das Gesetz beschränkt und Bürger- und Freiheitsrechte geschützt werden.

Libertarismus
Die Theorie, dass es für die Bürger einer Gesellschaft größere Freiheit und weniger Staatskontrolle geben sollte.

Linkssozialistisch
Im Einklang mit sozialistischen bzw. kommunistischen Zielen und Ideologien.

Lobby
Politische Einflussnahme über einen wichtigen Akteur, um eine Situation oder eine Rechtsvorschrift zu ändern.

Mandat
Auftrag, etwas für jemanden auszuführen. In der Politik ist ein Mandat eine formelle Auftragserteilung der Wählerschaft an ihre Regierungsvertreter.

Manifest
Die öffentlich bekanntgemachte Erklärung der Ziele und Absichten einer politischen Partei.

Maoismus
Abwandlung des Marxismus-Leninismus in Verbindung mit der Politik und den Lehren von Mao Zedong, Vorsitzender der Kommunistischen Partei Chinas (1949–1976).

Marxismus-Leninismus
Abwandlung der marxistischen Theorie, die von dem russischen Revolutionär und Politiker Lenin formuliert wurde (1870–1924) und zur Ideologie der Kommunistischen Partei der Sowjetunion wurde.

Monetarismus
Die Theorie, dass eine Regierung eine stabile Wirtschaft schaffen kann, indem sie die Geldmenge kontrolliert.

Nationalstaat
Ein unabhängiger Staat, in dem die Mehrheit der Bürger die gleiche Sprache spricht und eine gemeinsame Kultur hat.

Nominell
Nur dem Namen nach bestehend: Ein nomineller Präsident z. B. kann sich so nennen, hat aber keine vollen präsidialen Befugnisse und Pflichten.

Parlament
Das gesetzgebende Organ eines Staates, das sich oft aus gewählten Abgeordneten zusammensetzt. Zu den Pflichten eines Parlaments zählen die Kontrolle der staatlichen Praxis und die Genehmigung der Staatsausgaben.

Parteilichkeit
Starke Bevorzugung von etwas bzw. ein Vorurteil gegen etwas. Der Begriff wird oft in Bezug auf Medien verwendet, die einen politischen Standpunkt stärker vertreten als einen anderen.

Patriarchat
Ein männerdominiertes Gesellschaftssystem, in dem die ganze politische Macht und exklusive Kontrolle der Finanzen und des Eigentums in den Händen von Patriarchen liegt.

Politische Partei
Eine organisierte Personengruppe, die die gleichen politischen Meinungen teilt und bestrebt ist, durch gewählte Volksvertreter politische Macht zu erlangen.

Pragmatismus
Eine der Kernideen des Konservatismus: Die Entscheidungsfindung soll ein flexibler Prozess sein, basierend auf praxisorientierten Überlegungen und nicht auf Theorien.

Präsident
Das meist direkt vom Volk gewählte Oberhaupt eines Staates.

Premierminister
Der ranghöchste Minister der Regierungspartei.

Privatisierung
Die Umwandlung eines staatlichen Dienstes oder einer Industrie wie Gesundheitswesen oder Transport in ein Privatunternehmen.

Produktionsmittel
In der marxistischen Theorie sind das die Ressourcen wie Fabriken, Anlagen und Materialien, die zur Produktion von Waren und Dienstleistungen erforderlich sind, sowie die Arbeitskräfte, die diese nutzen.

Proletariat
In der marxistischen Theorie die Arbeiterschaft.

Propaganda
Die für die Förderung einer Sache verbreiteten Informationen, einseitig und oft irreführend.

Radikalismus
Der Glaube, dass extreme Maßnahmen gerechtfertigt sind, um einen gesellschaftlichen Wandel herbeizuführen.

Rassismus
Vorurteil gegen und Diskriminierung von Menschen aufgrund der Überzeugung, sie seien wegen ihrer Herkunft minderwertig.

Reaktionär
Gegen sozialen oder politischen Wandel oder Reformen gerichtet.

Rechtskonservativ
Im Einklang mit konservativen und reaktionären Zielen oder Ideologien stehend.

Rechtsstaatlichkeit
Die Idee, dass alle Gesellschaftsmitglieder – Privatpersonen wie auch Staatsdiener – einer gerechten Justiz unterworfen sind.

Referendum
Ein Volksentscheid über eine vorgeschlagene politische Maßnahme großer Tragweite.

Reform
In der Politik die Abänderung bzw. Verbesserung einer Rechtspraxis oder eines Gesetzes.

Repräsentation
Der Prozess, in Vertretung einer Person oder für sie zu sprechen oder zu handeln. Ein Politiker kann eine Gruppe repräsentieren bzw. in deren Auftrag agieren.

Republikanismus
Die Theorie, dass eine Republik, idealerweise ein Staat, geführt von einem demokratisch gewählten Oberhaupt, eine bessere Regierungsform ist als eine Monarchie. Meint in den USA die Unterstützung der Republikanischen Partei.

Regierung
Die politische Lenkung eines Staates oder einer Gesellschaft: Außerdem die Personengruppe, die diese Kontrolle ausübt.

Regierungschef
Das Mitglied der Regierung, das die meiste politische Macht und Autorität besitzt.

Säkularismus
Die Überzeugung, dass politische Aktivitäten und weltliche Gesellschaftsangelegenheiten von der Religion getrennt sein sollten.

Sektierertum
Starke Unterstützung für eine bestimmte politische oder religiöse Gruppe der Opposition.

Sexismus
Diskriminierung von oder Vorurteile gegen Menschen aufgrund ihres Geschlechts.

Souverän
Ein Herrscher mit der größten Macht in einem Land.

Souveränität
Die höchste Gewalt, die Oberhoheit eines Staates. Zugleich die Unabhängigkeit eines Staates vom Einfluss anderer.

Sowjetunion
Andere Bezeichnung für UdSSR. Die ehemaligen Mitgliedstaaten der UdSSR haben sich 1991 zur Gemeinschaft Unabhängiger Staaten (GUS) formiert (ohne die baltischen Staaten Litauen, Lettland und Estland).

Staat
Ein politisch umgrenztes Gebiet und die Menschen, die dort unter einem Staatsoberhaupt leben, das demokratisch gewählt sein kann oder auch nicht.

Staatsoberhaupt
Oberster Staatsdiener, der oft eine repräsentative Rolle einnimmt, manchmal aber auch Regierungschef ist. Meist ein Monarch oder ein Präsident.

Steuer
Eine obligatorische, z. B. auf Einkommen und Vermögenswerten basierende Abgabe an den Staat, die u. a. zur Finanzierung öffentlicher Ausgaben wie Bildung, Polizei und Straßeninstandhaltung verwendet wird.

Steuerpolitik
Die Art, in der eine Regierung das Steuerwesen und Staatsausgaben anpasst, um die Konjunktur zu beeinflussen.

Stimmrecht
Politisch gesprochen, das Wahlrecht.

Strategie
Ein Plan zur Erreichung eines oder mehrerer Ziele.

Tyrannei
Eine Regierung, in der eine Person die Kontrolle übernimmt und ihre Privatinteressen über das Allgemeinwohl stellt.

UdSSR
Union der Sozialistischen Sowjetrepubliken – so hieß von 1922 bis 1991 der sozialistische Staat, der an die Stelle des Zarenreichs rückte.

Unabhängigkeit
Die Freiheit eines Landes, Staates oder einer Gesellschaft, sich selbst zu verwalten. Außerdem ist ein Politiker unabhängig, wenn er für ein Amt kandidiert, ohne sich mit einer bestimmten politischen Partei zu identifizieren.

Unethisch
Moralisch oder gesetzlich inakzeptabel.

Unveräußerlich
Auf politischer Ebene heißt unveräußerliches Recht, dass es nicht abgetreten oder übertragen werden kann.

Utopie
Eine fiktive Gesellschaft, in der alles perfekt ist, mit gerechten Gesetzen, einer gerechten und ehrlichen Regierung und idealen Lebensbedingungen für alle Bürger.

Verfechter (von etwas)
Jemand, der öffentlich eine bestimmte Politik oder Maßnahme empfiehlt.

Verstaatlichung
Die staatliche Übernahme von Privatunternehmen und ganzer Wirtschaftssektoren.

Ziviler Ungehorsam
Gewaltfreie Weigerung, den Gesetzen einer Regierung Folge zu leisten.

REGISTER

Haupteinträge sind **fett** gedruckt.

M

N

O

PQ

R

DANK UND BILDNACHWEIS

Der DK Verlag dankt Steve Crozier für die Bildbearbeitung, Louise Stevenson für die redaktionelle Betreuung und Helen Peters für das Register.

Der Verlag dankt folgenden Personen und Organisationen für die freundliche Genehmigung zum Abdruck von Fotos: (Abkürzungen: o = oben, u = unten, m = Mitte, a = außen, l = links, r = rechts, go = ganz oben)

12–13 Alamy Stock Photo: PNC Collection. **18–19** Getty Images: Heritage Images. **22–23** Getty Images: Alain Dejean. **28–29** Alamy Stock Photo: dpa picture alliance. **34** Getty Images: Media24 / Gallo Images (o). **35** Alamy Stock Photo: Oistein Thomassen. **38** Alamy Stock Photo: Zoonar GmbH. **44** Alamy Stock Photo: Shawshots (o). **45** Alamy Stock Photo: Photo 12. **48–49** Getty Images: Bettmann. **54–55** Getty Images: Tom Stoddart Archive. **62–63** Getty Images: Print Collector. **66–67** Getty Images: NurPhoto. **68–69** Getty Images: Ulrich Baumgarten. **74–75** „Bestand Erna Wagner-Hehmke. Haus der Geschichte, Bonn". **78–79** Getty Images: Don Cravens. **86–87** Shutterstock: Jaipal Singh / EPA-EFE. **90** Alamy Stock Photo: GL Archive (o). **91** Alamy Stock Photo: Niday Picture Library. **96–97** Getty Images: SOPA Images. **106** Getty Images: AFP (o). **107** Alamy Stock Photo: Alpha Historica. **110–111** Getty Images: Sergei Supinsky. **114–115** Bundesarchiv, Bild 146-1970-051-27 / Fotograf: unbekannt. **122–123** Getty Images: Jonathan Rashad. **124** Getty Images: bjdlzx. **130** Getty Images: (o). **131** Getty Images: Dinodia Photos. **134–135** Getty Images: Lluis Gene. **140–141** Getty Images: Robert Nickelsberg. **144–145** Getty Images: Fred Dufour.

Cover: ***Vorn:*** **123RF.com:** Sae-kueng (mlu), Vladimir Yudin (ul).

Weitere Informationen: **www.dkimages.com**

NACHWEIS DER VERWENDETEN ZITATE

Der Verlag hat sich bemüht, alle Rechteinhaber zu ermitteln. Eventuelle Auslassungen werden bei entsprechendem Hinweis gern in einer späteren Auflage korrigiert. Alle fremdsprachigen Quellen wurden, soweit nicht anders angegeben, frei übersetzt.

20 Thomas von Aquin, *Über die Herrschaft der Fürsten,* deutsch von Friedrich Schreyvogl, Stuttgart: Reclam 1971, S. 72–81, S. 79. **24** Heinrich Heine, *Romanzero,* I. Historien, Hamburg: Hoffmann und Campe 1851. **26** Hannah Arendt: *From an Interview,* Interview mit Roger Errera 1974, In: The New York Review of Books, 26.10.1978, www.nybooks.com/articles/1978/10/26/hannah-arendt-from-an-interview/. **30** Thomas Hobbes, *Leviathan,* aus dem Engl. von Jutta Schlösser, Philosophische Bibliothek Band 491, Hamburg: Felix Meiner Verlag 1996, S. 157. **36** Emma Goldman, *Anarchism and other essays,* New York 1969, S. 47–67, aus dem Amerikanischen ins Deutsche übertragen von einem Übersetzer(innen)kollektiv, Libertad Verlag Berlin 1983, anarchistische texte 11. **42** Jacques Delors, www.citation-celebre.leparisien.fr/citations/124825. **48** Wu'er Kaixi, www.cbsnews.com/news/tiananmen-square-survivor-wuer-kaixi-reflects-on-30-year-anniversary-im-heartbroken. **50** Dave Rubin, „What is a Classical Liberal?", www.youtube.com/watch?v=Bsba-dNApvw. **52** Ludwig von Mises: *Im Namen des Staates oder die Gefahren des Kollektivismus.* Verlag Bonn aktuell, München 1982, S. 68. **54** Horst Köhler, zitiert nach: www.bundespraesident.de/SharedDocs/Reden/DE/Horst-Koehler/Reden/2009/11/20091109_Rede.html. **58** Dr. Michael Becker, „Konservativ sein – ist das noch zeitgemäß? Erkundungen mit Michael Oakeshott", In: *Konservatismus. INDES. Zeitschrift für Politik und Gesellschaft,* Heft 3-2015, Göttingen: Vandenhoeck & Ruprecht 2015, S. 79. **60** Benito Mussolini, *Per la medaglia dei benemeriti del comune di Milano.* In: *Opera Omnia.* Band 21, S. 425. **62** Martin Luther King Jr., *Letter from Birmingham jail,* 1963. **64** Hugo Chávez, zitiert nach: *The Sydney Morning Herald,* 24.1.2010, www.smh.com.au/world/i-am-the-people-chavez-tells-followers-ahead-of-polls-20100124-mryf.html. **76** Nelson Mandela, zitiert nach: *The New York Times,* 27.6.1990, www.nytimes.com/1990/06/27/world/the-mandel-visit-excerpts-from-mandela-speech-to-joint-meeting-of-congress.html. **78** Rosa Parks, Quiet Strength: *The Faith, the Hope, and the Heart of a Woman Who Changed a Nation,* Januar 1995. **82** Sharad Pawar zitiert nach: www.timesofindia.indiatimes.com/india/I-havent-seen-so-much-bitterness-in-the-House-Sharad-Pawar/articleshow/48459733.cms, 13.8.2015. **84** José Ortega y Gasset: *Der Aufstand der Massen.* Hamburg: Rowohlt 1956, S. 117. **88** Hillary Clinton, zitiert nach: www.ontheissues.org/Cabinet/Hillary_Clinton_Government_Reform.htm. **90** Mary Wollstonecraft, A vindication of the rights of woman, Kap. II., 1792. **92** Johannes Rau, zitiert nach: www.bundespraesident.de/SharedDocs/Zitate/DE/Johannes-Rau/1999/11/19991104_Zitat.html. **94** Barbara Tuchman, *A Distant Mirror: The Calamitous 14th Century,* Penguin Books Ltd., London 2017. **102** Hannah Arendt: *From an Interview,* a.a.O. **104** Martin Luther King Jr., zitiert nach www.uua.org/worship/words/quote/silent-about-things-matter. **106** Che Geuvara, zitiert nach: *Che Guevara speaks: Selected Speeches and Writings,* 1967. **108** Ban Ki-moon, zitiert nach: www.stanforddaily.com/2013/01/18/ban-urges-international-cooperation-to-solve-global-challenges/. **110** Greta Thunberg, zitiert nach: www.timesofindia.indiatimes.com/world/us/change-is-coming-whether-you-like-it-or-not-greta/articleshow/71240450.cms. **116** Helmut Schmidt, zitiert nach: www.zeit.de/2004/18/Deutschland_2fSchmidt_18/. **118** Jacques Chirac, zitiert nach: www.nytimes.com/1986/09/25/world/key-sections-of-chirac-s-un-talk.html. **120** Frederick Douglass, zitiert nach: www.klassegegenklasse.org/mehrdimensionale-klassenkaempfe-und-der-us-buergerkrieg/. **123** Ban Ki-moon, zitiert nach: www.un.org/press/en/2011/sgsm14021.doc.htm. **130** Mahatma Gandhis Rede in Genf vor der „Women's International League for Peace and Freedom", 10.12 1931, www.youtube.com/watch?v=pXJ2sH_4gjU&feature=youtu.be. **132** Charles de Gaulle, zitiert nach „To Mon Général" by Romain Gary, In: LIFE Magazine, 9.5.1969, Seite 29. **134** Carles Puigdemont, zitiert nach: „Puigdemont an unknown entity in Spain until secession drive" by Ciaran Giles, In: AP News, 21.9.2017, www.apnews.com/article/6791ff67a4314806a84bae994c80e72e. **138** John F. Kennedy, *Address Before The United Nations General Assembly,* 25.9.1961, www.jfklibrary.org/asset-viewer/archives/JFKWHA/1961/JFKWHA-050/JFKWHA-050, 2:23 Min. **142** Kofi Annan, zitiert nach: www.un.org/press/en/2002/sgsm8262.doc.htm. **145** Ruhul Amin, zitiert nach: www.theguardian.com/world/2019/aug/21/not-without-our-rights-rohingya-refugees-refuse-to-return-to-myanmar **146** Harry S. Truman, zitiert nach: www.unfoundation.org/blog/post/un-history-7-quotes-from-70-years-ago/.